아랍음식과 문화코드 탐험

할랄,
신이 허락한 음식만 먹는다

이 도서의 국립중앙도서관 출판시도서목록(CIP)은 e-CIP홈페이지(http://www.nl.go.kr/ecip)
에서 이용하실 수 있습니다.(CIP제어번호 : CIP2011001088)

아랍음식과 문화코드 탐험

I 엄익란 지음

할랄,

신이 허락한 음식만 먹는다

일러두기

● 이 책의 일부는 2007년도 정부재원(교육인적자원부 학술연구조성사업비)으로 (구)한국학술진흥재단의 지원을 받아 연구되었다(KRF-2007-327-A00260).

● 이 책에서 사용한 아랍어의 한국어 음가표기는 현대 표준 아랍어의 원음과 최대한 비슷하게 표현한 것이다.

● 이 책에서 사용한 영어의 아랍어 음가표기는 ALA-LC 로마나이제이션을 적용한 것이다. 그러나 '아인'의 경우를 제외하고 모든 음성기호는 생략했으며 장모음의 경우 모음을 두 번 표기했다. 본문에서 아랍어의 영어표기는 인명, 지명, 고유명사를 제외하고 모두 이탤릭체로 표시했다. 그 밖에 아랍어가 아닌 타 외국어(이란어 혹은 터키어)의 경우는 최대한 현지어와 비슷하게 음가표기를 했으며 역시 이탤릭체로 표시했다.

● 본문에서 출처를 약식으로 표기할 때, 단행본이나 논문은 '(저자명, 발행년도: 쪽)'으로 표기했고, 웹 자료의 경우는 (사이트명 [발행]년월)로 표기했다. 자세한 출처는 참고문헌 목록을 참조할 수 있다.

● 이 책의 일부는 2009년 도서출판 한울에서 출판된 『무슬림 마음속에는 무엇이 있을까?: 일상생활 속에 숨겨진 아랍·무슬림의 문화코드 읽기』를 재수정한 것이다.

들어가며

연간 6,500억 달러에 달하는 할랄 음식시장의 문을 두드리다!

　이슬람교에서는 인간에게 허용된 음식과 금지된 음식을 엄격히 구분한다. 허용된 음식을 '할랄', 금지된 음식을 '하람'이라 하면서 신이 인간에게 허락한 음식만을 섭취하라고 권한다. 놀랄 만한 사실은 이슬람교의 할랄 시장이 오늘날 전 세계적으로 규모가 엄청나게 커지는 추세라는 것이다. 그 이유로는 무슬림 수의 증가와 그들의 경제력 향상을 들 수 있다. 현재 할랄 음식시장은 연간 6,500억 달러에 달하며 전 세계 음식 시장의 약 16%를 차지한다. 또한 할랄 시장은 음식문화를 뛰어넘어 금융, 의약, 패션과 관광 산업분야로 확대되고 있다. 향후 15년 내 전 세계 인구의 약 30%를 차지할 것으로 예상되는 무슬림 수를 감안하여 할랄 시장은 다국적기업의 새로운 블루오션 마켓으로 떠오르고 있다. 그러나 다국적기업이 다양한 지역에서 쌓은 경험을 토대로 이 지역을 공략해도 신세대 무슬림들의 입맛을 사로잡는 데는 어려움을 겪고 있다. 그들의 문화코드와 마음을 읽지 못하기 때문이다. 피상적인 수준에서 이슬람법에 부합되는 음식의 수출만을 염두에 두는 것으로는 부족하다.

　우리는 어떻게 무슬림을 이해할 수 있을까? 차세대 세계시장의 흐름을 바꿀 그들은 과연 누구일까? 이 책에서는 앞으로 음식소비시장의 주역이 된 무슬림의 심리와 음식을 둘러싼 그들의 문화를 종교·역사·정치·경제라는 다각화된 틀에서 접근한다.

왜 음식문화인가?

지금까지 아랍 이슬람 지역에 대한 세계인의 관심은 석유, 이를 둘러싼 강대국들의 파워게임, 테러, 전쟁, 이슬람교라는 이슈에만 집중되어왔다. 그러나 아랍 이슬람 지역은 이 같은 주제로만 접근하기에는 너무나 흥미로운 이야깃거리로 넘쳐난다. 아랍 이슬람 지역은 근·현대에 들어 제국주의를 앞세운 서구 강대국에 의해 지배당하면서 역사의 패배자로 인식되었고, 이로 인해 국제사회에서 홀대받아온 것이 사실이다. 이제부터라도 과거 인류역사의 발전에 기여한 아랍 무슬림의 수고는 재고되어야 할 것이다.

아랍 무슬림의 조상은 고대에는 인류문명의 발상지인 나일 강 유역과 유프라테스와 티그리스 강 주변에서 문명의 꽃을 피웠다. 중세에는 동양과 서양을 연결하는 실크로드를 장악하며 다양한 문화의 전달자 역할을 했다. 문명 간 교량역할을 하면서 세계문화의 발전에 기여한 이들의 노력은 음식과 음식문화에도 예외 없이 나타난다. 오늘날 우리가 섭취하는 많은 종류의 음식이 문명의 발상지인 아랍 혹은 중동 지역에서 탄생해 세계로 전해졌다. 각 지역의 다양한 음식재료와 조리법도 이들의 손을 통해 타 문명권으로 이동했다. 일례로 빵과 맥주는 고대부터 아랍 지역의 중요한 식량이었다. 오늘날 우리 식탁에 자주 오르는 유제품은 사막의 유목민이 우연히 발견한 음식이며, 커피와 아이스크림도 이 지역에서 탄생한 것이다.

안타까운 사실은 음식이 일상생활에서 쉽게 접할 수 있는 '사소한' 소재로 간주되어 연구 분야에서도 푸대접을 받아왔다는 것이다. 이 책을 집필할 때도 자료가 턱없이 부족해 많은 부분을 현장에서의 경험에 의존해야 했다.

음식과 이를 섭취하는 방식에는 단순히 '배를 채우는 것' 이상의 문화적·역사적·종교적 의미가 함축되어 있다. 그렇기 때문에 음식은 특정 지역 문화의 본질을 이해하는 데 가장 기본적이고 중요한 요소라고 할 수 있다. 한 지역의 사람들이 어떤 음식을 먹는지는 그 지역의 생태와 기후 환경을 반영한다. 음식의 조리방식과 그 음식을 어떻게 섭취하며 언제, 누구와 함께 먹는지는 그 지역의 문화적 규칙을 자연스럽게 표출한다.

또한 음식은 특정 지역 문화의 특징을 반영한다. 이것은 음식이 한 지역의 전통 및 관습, 과거와 현재의 모습, 그리고 종교적 가치와 신념을 보여주기 때문이다. 즉, 음식의 재료 그리고 특정 음식에 대한 혐오 또는 선호는 그 지역 사람들의 전통과 관습, 그리고 그들의 종교적 가치 혹은 신념을 고스란히 반영하는 살아 있는 역사이다.

음식은 특정 지역의 사회변화를 이해하는 데 중요한 척도이기도 하다. 한 지역의 음식재료와 조리법의 변화는 타 문화와의 교류사를 보여주며, 새로운 음식의 수용과 거부과정은 해당 지역의 정치·경제적 역학관계를 반영한다.

음식은 개인뿐만 아니라 개인이 속한 공동체의 정체성을 반영한다. 특정 음식을 선호하는 것은 타인과 구별되는 개인의 정체성, 계층과 종교적 소속감, 그리고 타 집단과 구별되는 민족적·국가적 정체성을 보여주기 때문이다. 다시 말해, 한 지역의 음식문화는 나와 타인(작게는 가족, 친족, 친구, 크게는 지역사회 혹은 국가), 남성과 여성, 상류층과 저소득층, 지배층과 피지배층의 정체성을 나타내며, 이들의 상호작용 방식과 권력관계를 보여준다. 결국 음식문화는 한 지역 문화의 본질과 특징, 변화과정에 대해 총체적으로 이해할 수 있게 한다. 한 지역의 음식에 대한 이해는 그 지역의 생활방식의 다양한 패턴과 그 변화를 반영한 것이기 때문에 생물학적이라기보다 문화적인 것으로 규정할 수 있다.

이 책은 이러한 음식이라는 소재를 통해, 그동안 홀대받아왔던 이슬람 지역 아랍 무슬림의 역사와 그들의 문화를 재해석하고자 한다.

차례

들어가며 5

제1장 이슬람교가 만들어낸 아랍인의 음식문화

○ 아랍 식탁 이야기 I - 남녀유별의 식탁　14
● 이슬람 지역, 중동, 아랍　15
● 이슬람교의 출현과 아랍인의 음식문화　22
● 무슬림에게 먹는 것은 종교적인 행위　32
● 라마단의 음식문화　42
● 무슬림의 축복의 열매, 대추야자　52
● 금기음식과 무슬림의 음식문화 I : 돼지고기 혐오문화　55
● 금기음식과 무슬림의 음식문화 II : 금지된 음료, 술　58
● 무슬림과 채식주의　63
● 개고기에 대한 무슬림의 생각　66
● 이슬람 부흥운동과 음식 민족주의　68
● 소수종파의 음식문화 I : 시아 무슬림과 음식문화　73
● 소수종파의 음식문화 II : 아랍 유대인과 기독교인의 음식문화　80

제2장 이방인의 시선으로 본 아랍인의 음식문화

○ 아랍 식탁 이야기 II - 식탁에서 나는 '꿀꿀꿀' 소리 88
● 아랍인의 일상음식 89
● 아랍인의 축제음식 98
● 아랍인의 식단과 다이어트 103
● 식사와 에티켓 107
● 아랍인의 환대문화, "손님은 왕!" 116
● 손님의 의무 123
● 서구 식민주의와 아랍인의 음식문화 127
● 전통의 맛을 잃어가는 아랍인 132
● 아랍인의 마음을 여는 음료, 커피 136
● 아랍인과 낙타 이야기 145
● 아랍인의 전통 물담배, 쉬샤 148
● 음식과 아랍인의 미신 151
● 아랍인의 전통적인 칫솔, 미스와크 154
● 아랍인에게 허용된 마약, 까뜨 156
● 아랍인의 빵에 대한 예우, "빵은 나의 삶" 158
● 중동에서 탄생한 요구르트 164
● 세계인의 음료, 맥주의 기원은 중동 167

제3장 '따로 또 같은' 아랍 각 지역 음식과 문화

- 아랍 식탁 이야기 Ⅲ - 열려라, 참깨! 174
- 이주민이 주도하는 걸프 지역의 음식문화 175
- 다문화적인 북아프리카 지역의 음식문화 183
- 다채로운 샴 지역의 음식문화 191
- 현대 아랍음식의 기틀이 된 터키와 이란 음식문화 197
- 아랍음식 따라하기 Ⅰ - 기본적인 밥 짓기 204
- 아랍음식 따라하기 Ⅱ - 아랍의 서민음식, 콩요리 207
- 아랍음식 따라하기 Ⅲ - 고기요리 209
- 아랍음식 따라하기 Ⅳ - 아랍식 샐러드와 피클 214
- 아랍음식 따라하기 Ⅴ - 라이스 푸딩 217

- 참고문헌 218
- 부록 Ⅰ : 용어정리 222
- 부록 Ⅱ : 아랍음식에 사용하는 주요 향신료 224
- 부록 Ⅲ : 음식의 관점에서 본 중동 이슬람 지역 약사略史 225

나오며 226

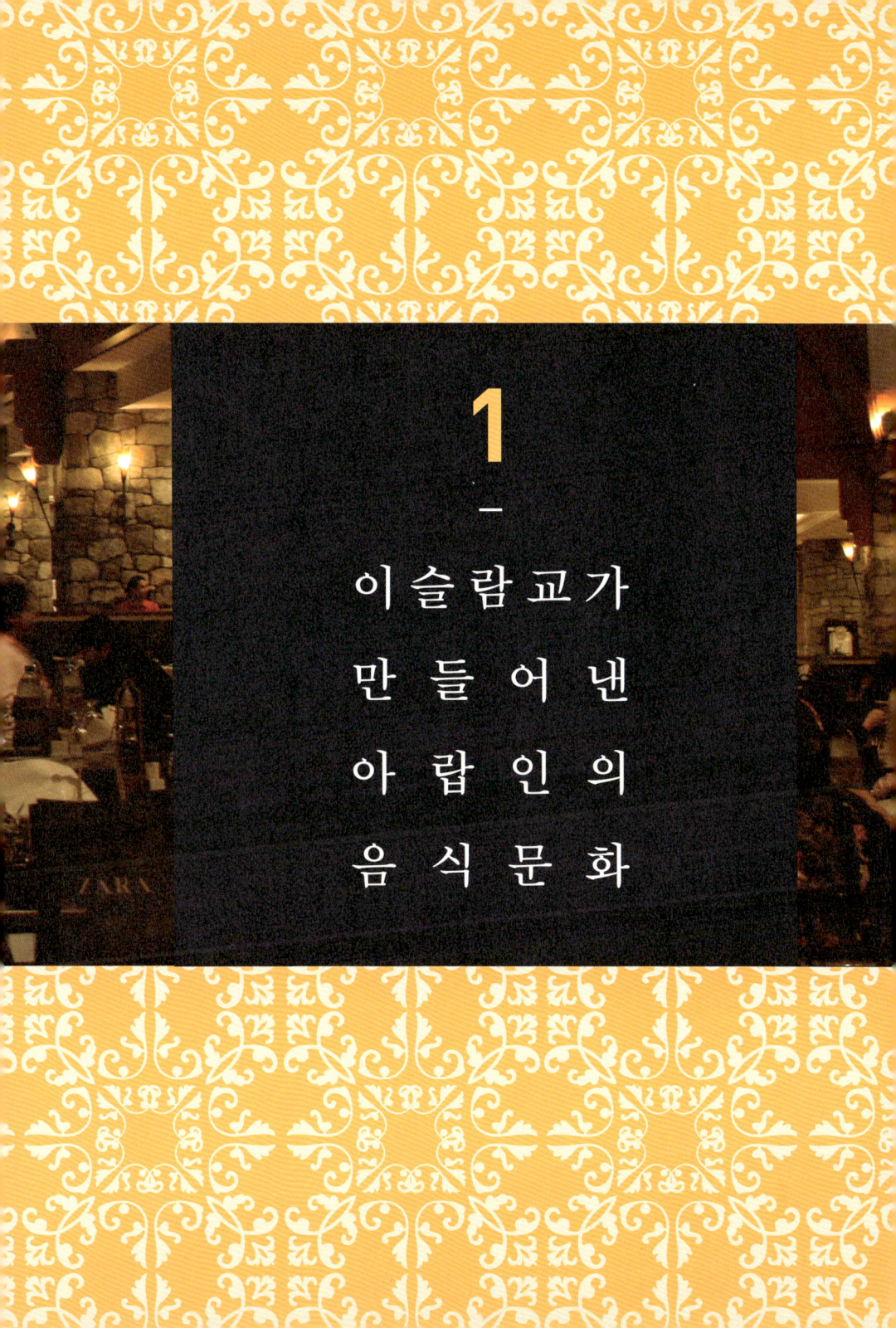

1

이슬람교가 만들어낸 아랍인의 음식문화

아 랍 식 탁 이 야 기 1

남녀유별의 식탁

남편과 함께 쿠웨이트 베두인 친구의 식사 초대를 받았을 때 일이다. 베두인이긴 하지만 이 친구는 쿠웨이트 정부의 베두인 정착 프로젝트 덕분에 사막이 아니라 도시 끝자락에 집을 소유하고 있었다. 친구의 집에 도착하자 나는 입구에서부터 남편과 이별 아닌 이별을 해야 했다. 남편은 정면으로 들어가 남자들만 모이는 거실로, 나는 쪽문으로 들어가 여자들만 모이는 장소로 안내되었다. 집주인의 아내와 여동생, 어머니가 나와 함께 자리를 했지만 처음 만나는 사람들이라 서먹했다. 잠시 그들과 시간을 가진 다음 양해를 구하고 남편이 있는 곳으로 가게 해달라고 부탁했다. 가족들은 여성만의 공간에 나를 계속 붙잡아두려고 했으나 나의 눈빛이 너무 간절했던지 끝까지 거절하지는 못했다. 결국 잠시 뒤 남편과 함께 자리할 수 있었다.

이슬람 세계의 보수적인 나라에서는 이슬람교의 교리에 따라 남성과 여성의 공간이 분리되어 있다. 학교, 쇼핑몰, 식당과 같은 공공장소에서는 예외가 없다. 이슬람 세계에서는 공공장소에서의 남녀분리라는 교리를 일상생활에서 실천하기 위해 엄청난 사회적 비용을 지출하고 있다. 모든 공간에 남성의 것과 여성의 것을 따로따로 이중으로 설치해야 하기 때문이다. 그래서인지 다른 나라에 비해 대체로 돈이 많은 걸프 지역의 산유국에서 이슬람교의 남녀분리에 대한 교리가 비교적 잘 지켜지고 있다. 일례로 이슬람 세계에서 가장 보수적인 사우디아라비아의 경우 쇼핑몰도, 교실도, 도서관도, 식상式床도 여성 전용이 따로 있고, 심지어 엘리베이터도 여성 전용이 있다.

이슬람 지역, 중동, 아랍

흔히 쓰이는 이 세 가지 표현은 다 같은 지역을 설명하는 것 같지만 쓰임새가 서로 다르다. 간단히 소개하면 우선 '이슬람 지역'은 무슬림이 많이 분포되어 있는 지역을 말한다. 전 세계 무슬림 인구에 대해 정확한 통계를 내기는 어렵지만 지구상에는 무슬림이 적게는 13억, 많게는 16억 정도 살고 있다. 이들 중 30%가 중동 지역에 밀집해 있으며 나머지는 유럽과 동남아시아, 미주 지역과 중국에도 상당수 분포한다. 그중 인도네시아는 무슬림 인구수가 세계에서 가장 많은 국가로 꼽힌다.

한편 '중동Middle East'은 지리적 개념으로, 영국을 중심으로 극동Far East과 근동Near East 지역의 중간쯤에 위치한 지역을 지칭한다. 이 말은 19세기 영국이 중동 지역을 좀 더 효과적인 방식으로 식민통치하기 위해 군사적으로 쓴 용어에서 유래했다. 처음에 중동 지역은 페르시아 걸프 지역을 지칭했으나 점차 확대되어 오늘날에는 중앙아시아와 북아프리카 지역까지 포괄한다. 중동이라는 말의 태생 자체가 상당히 불순하다고 볼 수 있다. 그럼에도 이 말이 고착화되고 아직까지 쓰이는 이유는 이를 대체할 만큼 적당한 다른 말을 찾지 못했기 때문이다.

마지막으로 '아랍'은 두 지역 개념에 비해 협의의 의미로 쓰인다. 아랍은 중동 지역 중에서도 아랍어를 쓰면서 자신의 뿌리를 아랍문화에서 찾는 사람들의 공동체를 지칭한다. 우리는 모든 아랍인을 무슬림으로 동일시하는데 실성 이랍인의 정의는 종교와는 무관하다. 아랍인 중에는 기독교인도 있으며 소수지만 유대인도 존재한다.

다소 복잡한 개념을 다시 정리해보자. 무슬림이 종교적 배경에서, 중동 사람들이 지리적 위치에서 자신의 정체성을 찾는다면 아랍인은 문화에서 자신의 정체성을 찾는 사람들이다. 지금부터 이슬람·중동·아랍에서 공통분모를 찾을 수 있는 사람들의 음식과 문화 이야기를 시작할 것이다.

중동 이슬람 지역의 아랍국가

오늘날 우리가 부르는 중동 이슬람 지역에는 크게 아랍국가와 비아랍국가가 있다. 아라비아 반도에서 북아프리카 지역까지 걸쳐 있는 아랍 지역에는 다음 18개국이 포함된다.

우선 동쪽 끝 아라비아 반도에 위치한 아랍국가부터 살펴보자. 여기에는 사우디아라비아·바레인·쿠웨이트·카타르·아랍에미리트·오만·예멘이 있으며 사막기후가 특징이다. 과거 석유가 발견되기 전까지 이곳 사람들은 한 지역에 정착해 농경과 목축에 종사하기보다 먹을 것을 찾아 돌아다니는 유목생활을 주로 했다(비교적 강우량의 혜택을 많이 입은 오만과 예멘 지역 제외). 그리고 자급자족을 할 수 없던 품목은 주변의 정착민과 서로 교환하며 삶을 연명해나갔다. 덕분에 이 지역은 전통적으로 무역업이 발달했다. 이러한 전통은 오늘날까지 남아, 이곳 주민은 먹을거리를 주로 수입에 의존하고 있다.

좀 더 서쪽으로 이동해보자. 중동의 중간에 위치한 이 지역은 아랍어로 '해가 뜨는 지역'이라는 뜻의 마슈리끄 mashriq라 부른다. 마슈리끄 지역은 프랑스어로 '동방'이란 의미를 지닌 레반트 Levant라 부르기도 하는데 지형의 형세는 초승달 모양의 띠를 이룬다. 그래서 다른 말로는 '비옥한 초승달 지역'이라고도 부른다. 레반트 지역은 그 이름에 걸맞게 풍부한 강우량과 온난한 지중해성 기후 덕분에 각종 채소가 풍성하다. 그래서 전통적으로 이 지역에서는 다채로운 음식문화가 발달했다. 이 지역의 음식문화가 중동의 음식문화를 대표한다고 해도 과언이 아닐 정도이다. 이 운 좋은 국가로는 요르단·레바논·시리아·팔레스타인·이라크가 있다.

이제 서쪽 끝으로 가보자. 레반트에서 좀 더 서쪽으로 가면 이집트·리비아·수단이 있다. 여기서 더 서쪽 끝으로 가면 아랍어로 '해가 지는 지역'이란 뜻을 지닌 '마그리브 maghreb'라 부르는 곳이 있다. 마그리브 국가는 북아프리카의 모로코·알제리·튀니지이다. 이집트·리비아·수단과 마그리브 지역의 음식문화는 서민적인 것이 특징이다. 단, 왕국을 유지하며 세련된 문화를 영위한 모로코는 예외이다. 게다가 모로코는 스페인과 지리적으로도 가까워 유럽의 음식문화도 적극적으로 받아들였기 때문에 상당히 이국적이다.

중동 이슬람 지역의 비아랍국가

그런데 중동 지역에 포함되면서 아랍국가에는 속하지 않는 나라들이 있다. 바로 터키·이스라엘·이란이다. 이들 국가는 지리적·문화적 접근성 때문에 아랍 무슬림의 음식문화 형성과 발달에 지대한 영향을 미쳤다. 그러니 이들의 존재에 대해 언급할 만한 가치는 충분하다.

터키는 중동의 무슬림 국가에 속한다. 그런데 월드컵 지역 조 편성에서 볼 수 있듯 혹자는 터키를 유럽국가로 인식하기도 한다. 터키가 어디에 속하는지 그 국가의 정체성은 국민들 사이에서도 일치하지 않는다. 유럽과 가장 가까운 이스탄불 출신 사람들은 자신을 유럽인으로 분류하는 반면 내륙 출신 사람들은 자신을 아시아인으로 보고 있다. 필자가 영국 유학 시절에 만났던 이스탄불 출신 터키 친구도 자신은 유럽인이라며 은연중에 우쭐대고 다녔다. 그런 것도 이해가 가는 것이, 역사를 거슬러 올라가면 이스탄불은 15세기 중앙아시아에서 갑자기 출현했던 '비문명적인' 초원의 투르크족에게 멸망하기 전까지 (비록 동양의 색채가 강하긴 했으나 그리스·로마의 유산을 물려받은) 동로마 제국의 수도였기 때문이다. 이러한 터키의 역사적 사정이야 어떻든 간에 일반적으로 터키는 오늘날 엄연히 중동의 무슬림 국가로 분류되고 있다. 게다가 20세기 초반부터 근대화를 통해 이슬람교의 색채를 탈피하려는 시도를 했음에도 유럽연합 가입이 계속적으로 거부되는 상황을 볼 때 터키는 엄연히 중동국가의 일원으로 보아야 할 것이다. 터키는 중동의 많은 국가가 서구로부터 독립하기 전까지 이슬람 제국을 이끌던 최후의 보루였다. 그래서인지 오늘날 우리가 사용하는 아랍음식 용어 중에는 터키어에서 유래한 것이 많다.

이스라엘은 중동 지역에 위치한 국가 중 그 정체성이 가장 독특하

중동 이슬람 국가 지도

다. 국가는 조그만데 주변국과의 마찰 때문에 평화로울 날이 없다. 왜 일까? 이스라엘은 1945년 건국된 중동 유일의 유대국가로 서구 제국주의의 지원을 받아 탄생했다. 이스라엘은 그 탄생시점부터 종교적·정치적으로 논쟁을 가장 많이 낳은 국가로, 오늘날까지도 주변 아랍국가로부터 미움을 사고 있다. 그러나 이스라엘이라는 국가가 탄생하기 전까지 유대인들은 중동의 전 지역에 분포하면서 다양한 민족과 이웃하며 사이좋게 살고 있었다. 이들은 주로 금융과 무역업에 종사하며 무슬림과도 좋은 관계를 유지하고 있었다. 이를 반영하듯 초기 이슬람교의 형성기에 유대인의 음식문화는 아랍 무슬림의 음식문화에 지대한 영향을 미쳤다. 식전 세정洗淨, 돼지고기 금기, 금식일 준수 등 유대인의 문화는 이슬람교의 음식문화에 흡수되어 오늘날까지 지켜지고 있다.

　유대인의 음식규정은 무척 까다롭다(이는 차후에 더 자세히 언급하겠다). 유대인은 고기와 유제품은 절대 같이 섞어 먹지 않으며 심지어 식기류도 엄격히 구분해서 사용한다. 이처럼 까다로운 유대교의 음식교리 때문에 결국 이별하는 국제커플을 종종 볼 수 있었다.

　마지막으로 이란 역시 종파적·민족적으로 다른 아랍 이슬람 국가와는 구분된다. 이슬람 국가에 속하긴 하나 이란은 종파적으로 시아 이슬람교를 믿으며, 민족적으로도 아랍인과 구분되는 페르시아 민족에 속한다. 페르시아는 사막에 거주하던 아랍인들이 비문명적인 베두인 생활을 하고 있을 때 이들과는 비교할 수 없는 세련되고 찬란한 제국문화를 영위했다. 그러나 7세기 이슬람교가 등장하고 주변 지역을 정복할 때 페르시아 제국도 아랍인에게 정복당하고 만다. 1,400년 이상이 지난 오늘날까지도 이란인들은 자신이 야만인 취급을 했던 아랍 무슬림에게 정복을 당했다는 수모를 기억하는 듯하다. 아랍 무슬림과 이란 무슬림 간의 관계는 마치 한국과 일본의 관계를 보는 것처럼 상당히 예민하다. 아랍인의 정복 이후 페르시아 제국의 각종 제도와 문화는 급속히 아랍인이 세운 새로운 이슬람 제국문화에 흡수되어 오늘날 아랍 제국 문화 형성의 기반을 다졌다. 이들의 관계는 음식문화에도 고스란히 반영되어 오늘날 아랍음식은 터키를 비롯해 페르시아로부터 기원한 것도 적지 않다.

한국의 무슬림

요즘 신문을 보면 전 세계적으로 무슬림 인구수가 점차 증가한다고 한다. 인구증가의 가장 큰 배경으로는 무슬림들의 출산율과 개종률을 들 수 있다. 유럽에서는 전 세계적으로 증가하는 무슬림 수에 겁을 먹은 듯 이슬람 공포증을 의미하는 '이슬라모포비아Islamophobia' 라는 말이 생겼을 정도이다. 게다가 프랑스에는 "노트르담 사원이 종국에는 이슬람 사원으로 바뀔 것"이라는 루머까지 나돌고 있다(엄익란, 2009: 19 재인용). 남의 나라 상황만은 아닌 것 같다. 한국에도 최근 이슬람교를 믿는 동남아 이주민의 유입으로 무슬림 인구수가 늘어가고 있다.

그렇다면 한국의 무슬림 인구수는 얼마나 될까? 한국 이슬람교 중앙회에 따르면 한국에 거주하는 무슬림 수는 약 14만 명이라고 한다. 이 중 한국인 무슬림은 약 3만 5,000명이다. 호기심 때문에, 학문의 목적으로, 또는 무슬림 배우자 때문에 이슬람교로 입문한 이도 있으며, 1970년대 사우디아라비아를 포함한 중동건설 현장에 파견 나간 것을 계기로 무슬림이 된 이도 있다. 그 이전인 1950년대에 이미 이슬람교를 받아들인 사람들도 있는데, 이들은 6·25전쟁 때 한국을 돕기 위해 파병되었던 터키군의 영향으로 이슬람교로 개종한 사람들이다.

한국의 이슬람 성원 중앙회, 이태원

이슬람교의 출현과 아랍인의 음식문화

　당연한 말처럼 들리겠지만, 아랍음식이라 함은 아랍 지역 사람들이 먹는 음식을 모두 일컫는다. 그러나 엄밀히 따지면 아랍음식은 사막기후인 아라비아 반도 지역에 거주하던 아랍인들이 먹던 상당히 단순한 음식이다. 이들은 사막이라는 환경적 제한 때문에 농산물을 풍족하게 얻을 수 없었다. 대부분은 식량을 얻기 위해 유목에 의존해야 했다. 척박한 환경에서 아랍인들이 구할 수 있는 재료는 기껏해야 유목을 통해 얻는 소량의 고기와 유제품, 오아시스 주변의 대추야자, 밀, 보리 등으로 한정되었다. 나머지는 정착민과의 거래에 의존해야 했다. 그렇다면 7세기 이슬람이라는 종교의 태동은 아랍음식에 어떤 영향을 미쳤을까?

이슬람교 출현 이전 아랍인의 전통 음식

이슬람교 출현 이전 아라비아 반도의 아랍인 음식은 주변의 제국 문명을 영위하던 비잔틴이나 페르시아와는 비교할 수 없을 정도로 소박하고 검소했다. 사막이라는 척박한 환경에서 이들이 얻을 수 있는 음식재료는 제한될 수밖에 없었기 때문이다. 게다가 사막의 베두인들은 이동에 용이한 음식을 선호했다. 베두인들이 요리에 쓰는 주재료는 주변에서 쉽게 구할 수 있는 곡물, 자신이 키우는 가축의 고기와 여기서 얻는 소량의 우유와 유제품, 오아시스 주변의 대추야자와 과일 약간 정도였다. 조리법 또한 유목생활에 적합하게 단순했다. 이동 생활에 편리하도록 불에 굽거나 하나의 냄비에 모든 재료를 넣고 다 같이 끓이는 형태가 주를 이루었다.

그러나 7세기 아라비아 반도의 아랍인들을 주축으로 한 이슬람교의 정복사업이 진행되면서 사막 베두인들의 식탁은 점차 변모해갔다.

먼저 아랍인들은 비잔틴과 페르시아 제국을 정복하면서 제국의 세련되고 화려한 음식문화를 전수받을 수 있었다. 비잔틴 제국으로부터는 고급스럽고 세련된 로마의 궁중요리를 전수받았고, 페르시아 제국으로부터는 인도와 중국에서 건너온 향신료가 듬뿍 들어가는 복잡한 음식을 전수받았다. 비록 준비하는 데 시간이 오래 걸리기는 하지만, 사막의 베두인들도 맛과 향이 뛰어나며 색이 화려한 요리를 비로소 접하게 된 것이다. 이러한 역사적 배경 때문에 오늘날까지 전해지는 아랍인들의 요리법은 페르시아로부터 기원한 것이 많다. 대표적인 것이 다량의 아몬드, 호두, 피스타치오너트 가루를 이용하여 달콤하고 맛좋은 음식을 걸쭉하게 만드는 방법인데, 이는 오늘날에도 아랍 고급요리의 특징을 이루고 있다(태너힐, 2006: 213). 아랍요리 발전에 기여한 페르시아의 영향을 반영하듯 무슬림 음식이름에서는 특히 페르시아어 차용어가 많이 발견된다.

비잔틴과 페르시아의 음식문화 외에도 초기 무슬림은 정복사업을 통해 북아프리카·유럽·인도의 이국적이고 독특한 음식문화를 접할 수 있었다.

아랍 음식문화의 혁명기 우마이야 시대(661~750년)

우마이야 왕조는 이슬람교의 지도자였던 사도 무함마드가 사망한 뒤 등장한 첫 이슬람 제국이다. 우마이야 왕조는 건국과 함께 수도를 기존의 메카에서 좀 더 서쪽에 위치한 현재 시리아의 수도인 다마스쿠스로 천도했다. 다마스쿠스는 사막 출신의 무슬림 정복자들이 한 번도 경험해본 적 없는 국제적인 도시였다. 다마스쿠스는 유럽과 아시아, 아프리카를 연결하는 무역로가 관통하는 곳이었으며 중세 중동의 다문화 중심지였다.

게다가 이슬람 제국의 수도인 다마스쿠스는 농사에 천혜의 조건을 갖추고 있었다. 지중해성 기후에 비옥한 땅이 널리 분포되어 있기 때문이다. 척박한 사막에서 유목과 무역업을 주로 하던 베두인 생활을 청산하고 아랍 무슬림들도 새로운 제국의 환경에 적응하여 풍요로운 정착생활을 영위할 수 있었다. 그 결과 아랍인들은 이제껏 보지 못했던 다양한 곡식과 열매를 풍성하게 얻을 수 있었다. 이는 사막의 무슬림이었던 베두인 음식문화에 일대 혁명이 일어났음을 의미한다. 사막의 제한된 환경에서 얻을 수 있었던 곡물, 대추야자, 고기 등으로 만든 단순하고 투박했던 아랍인의 식탁이 세련되고 국제적인 감각을 갖추게 된 것이다. 국제도시의 이름에 걸맞게 다양한 음식재료가 이 지역으로 모여들었다. 그중에는 예루살렘산 건포도, 팔미라산 올리브, 시리아산 사과 등과 이집트산 밀, 남부 아라비아산 수수, 요르단 계곡에서 생산된 쌀이 있었다. 팔레스타인 지역의 양과 염소, 아덴 만 부근 시어의 생선, 곳곳의 특히 비옥한 성채에서 나는 비둘기도 있었으며, 아시아에서 생산된 새로운 작물인 사탕수수, 시금치, 망고, 바나나도 있었다(태너힐, 2006: 211). 무슬림은 여전히 세계의 향신료 무역을 장악하고 있었기 때문에 각종 향신료도 풍부하게 구할 수 있었다. 또한 곳곳에 장미화원이 있어서 요리에 장미수액rose water을 첨가하기도 했다. 요리에 장미수액을 첨

현재 시리아의 수도이자 과거 우마이야 시대에 이슬람 제국의 수도였던 다마스쿠스

가하는 비법은 오늘날까지 전해지고 있다.

정복사업을 통해 전수받은 다양한 재료, 음식 조리법과 향신료 덕에 우마이야 시대에는 독특한 아랍 무슬림 상류계층의 식사 스타일을 구축할 수 있었다. 왕실 사람들과 귀족들은 비싼 향신료, 이국적인 재료, 정교한 제조 기술을 바탕으로 만든 고급스러운 음식을 즐겨 먹었다. 음식을 먹는 형식도 크게 달라졌다. 이제 아랍인들은 바닥에 수프라*sufrah* 천을 깔고 그 위에 간단히 상을 차리지 않았다. 그 대신 세련되고 고급스러운 음식에 걸맞은 금이나 은으로 만든 접시에 음식을 담아 먹기 시작했으며 식탁도 이용하기 시작했다. 소박했던 사막 베두인들의 밥상이 제국의 호화롭고 세련된 문화에 부응하며 발전했던 것이다.

아랍 음식문화의 황금기 압바스 시대(750~1258년)

사도 무하마드 친족의 후손 중에는 이븐 압바스라는 사람이 있었다. 사도의 혈통과 가까운 점을 자랑스러워하던 그는 평소 우마이야 왕조의 통치에 불만을 품고 있었다. 그러던 어느 날 이븐 압바스는 우마이야 왕조에 복종하지 않던 시아파 무슬림, 이라크와 이란 호라산 지역의 비아랍계 무슬림 등 여러 분파들과 혁명을 주도해 우마이야 왕조를 무너뜨렸다. 새로운 이슬람 제국으로 재탄생한 압바스 왕조는 수도를 다마스쿠스에서 현재 이라크의 수도인 바그다드로 옮겼다.

압바스 시대는 이슬람 제국 역사의 황금기로 이 시대에 이슬람 문명은 절정을 이루었다. 바그다드는 이슬람 제국의 권력과 부의 상징이 되었으며, 세상의 진귀한 물품들은 모두 이곳을 중심으로 집산했다. 이러한 역사적 상황이 아랍인들의 음식문화에 반영되었음은 말할 나위 없다. 아랍인들은 위험을 무릅쓰고 멀리 중국까지 가서 육계肉桂와 대황大黃을 구해 왔으며, 인도에서는 코코넛을 가져오기도 했다. 중앙아시아의 박트리아에서는 포도를, 이란의 이스파한에서는 꿀, 장미과의

현재 이라크의 수도이자 과거 압바스 시대에 이슬람 제국의 수도였던 바그다드

과일나무인 마르멜로, 사과, 사프론, 소금을, 이라크 북부지역에 위치한 모술에서는 메추라기를, 이집트의 훌완에서는 석류, 무화과, 식초소스를 가져왔다(태너힐, 2006: 162-163).

세계 각지에서 모여든 각종 재료와 요리법으로 아랍인의 요리는 호사스러움과 정교함의 극치에 이르렀다. 아랍인의 혈통을 선호한 우마이야 왕조의 배타적인 정책과 달리 다민족·다문화를 수용하면서 보편주의를 앞세운 압바스 제국의 정책처럼 당시 이슬람 제국의 음식에는 아랍의 전통음식에 이란, 터키, 그리고 지중해 지역 음식이 모두 융

해되었다. 당시 권력층과 부유층은 로마 비잔틴과 페르시아 궁정의 요리법을 전수받았으며, 가까이는 시리아와 이집트, 멀리는 인도, 중국, 러시아에서 수입해 온 사치품을 이용해 음식의 세련미를 더했다. 또한 일부 칼리프들은 유명한 인도인 요리사를 고용했으며, 이들의 조리법은 현지의 음식요리법에도 영향을 미쳤다(뮐러, 2007: 197-198). 그 밖에 북쪽 코카서스 지방에서 전해진 요리법인 얇게 썬 고기 요리, 이집트에서 전해진 케이크류, 남부 아라비아에서 전해진 증기로 찐 곡식인 쿠스쿠스, 서부에서 온 프랑스식 구운 양고기, 무사카 *musaqa'ah*: 양고기나 소고기 조각과 가지 조각을 층층이 쌓고 치즈와 소스를 뿌려 구운 요리의 원형으로 동부에서 전래된 마그무마 *maghmuma*도 있었다.

무슬림의 음식문화가 사치의 절정에 이른 것은 9세기 초반 칼리파 하룬 알-라시드 Harun al-Rashid, 763-809 통치 기간 때였다. 그 유명한 아라비안나이트의 배경도 바로 이 시대이다. 칼리프의 궁전에서는 매일 연회가 열렸으며, 바그다드의 상류층은 이미 세계의 다양한 음식에 완전히 사로잡혀 있었다. 이를 반증하듯 현대 무슬림 요리법으로 남아 있는 것은 칼리프 시대 바그다드에 비해 상당히 간소화되고 변화된 형태일 뿐이라고 한다(프리드먼, 2009: 140). 연회에서는 극도로 화려하고 사치스러운 요리를 먹는 일뿐만 아니라 이를 문학적으로 승화하는 것이 하나의 예술분야로 자리 잡았다. 칼리프와 귀족들은 연회에서 미식을 찬미하는 내용을 바탕으로 한 대화와 시를 교환하며 풍부한 지식을 뽐내기도 했다. 심지어 칼리프나 왕자들도 요리법에 관련된 문헌적 지식은 물론 실제적인 지식까지 갖추고 있었다. 이러한 분위기에서 식탁

아랍의 향신료 시장

을 찬미하는 시는 아랍문학의 가장 중요한 장르 중 하나로 발전했다. 압바스 시대에 이르러 음식 관련 책이 처음으로 등장한 것도 바로 음식에 대한 호의적인 사회 분위기를 반영한다.

9세기와 10세기에 간행된 요리책의 내용은 다양하다. 식사 에티켓, 음식과 포도주의 궁합, 보기 좋게 디저트를 담는 방법, 최근 향신료 분야에서 일어난 요리의 혁신 내용, 저녁 식사 중에 암송하기에 적당한 유명한 시 등이 그 주제였으며, 저명한 철학자들뿐 아니라 왕자들도 요리책을 썼다(태너힐, 2006: 210-211). 실로 압바스 시대는 아랍 음식문화의 황금기라 할 수 있다.

이후 등장하는 오스만 제국1281-1924 시대에는 음식문화의 주요 무대가 아랍에서 터키 지역으로 옮겨 간다. 터키에서는 궁중음식이 발달했으며, 발칸 지역과 북부 아프리카에 이르기까지 오스만 제국의 음식문화가 널리 전파되었다. 커피와 같은 일부 품목은 유럽까지 진출한 오스만 제국의 영향으로 유럽에 전해졌으며, 이후 세계인의 사랑을 한 몸에 받는 음료가 되었다. 터키의 음식문화에 대해서는 뒷부분에서 더 자세히 다룬다.

무슬림에게 먹는 것은
종교적인 행위

아랍인의 식탁에 초대받아본 사람이라면 한번씩 경험하는 것이 있다. 바로 끝없는 음식 권유이다. 아랍인도 자신들의 미풍양속인 환대문화의 전통 때문에 손님에게 음식을 계속 권하지만, 사실 이슬람교에 따르면 음식은 '절제' 되어야 한다. 이슬람교에서는 과식을 경계하고 있다. 그래서 배가 고프지 않으면 먹지도 않을뿐더러 일단 배고픔이 사라지면 식욕이 남아 있더라도 음식에서 손을 떼야 한다고 가르친다.

> "과식과 과음으로 너의 심장을 죽이지 말라. 심장은 식물과 같아 물을 너무 많이 주면 죽게 된다."
> "과식은 피해야 한다. 위의 3분의 1은 음식을 위해, 3분의 1은 마실 것을 위해, 나머지 3분의 1은 호흡을 위해 나누어야 한다."

이처럼 음식과 관련한 『하디스』(사도 무함마드의 언행록)의 구절은 음식에 대한 절제적인 자세를 단적으로 보여준다. 그렇다면 이슬람교에서는 사람의 가장 기본적인 욕구인 '먹는 것'에 대해 어떻게 보고 있을지 더 살펴보자.

이슬람교에서 보는 음식

이슬람교의 관점에서 보면 먹는 것은 순전히 종교적인 행위이다. "건강한 육체에 건강한 정신이 깃든다"는 말이 있다. 이와 마찬가지로 이슬람교에서도 건강한 먹을거리로 몸을 건강하게 유지하는 것을 알라를 올바로 섬길 수 있는 방법으로 보고 있다. 즉, 종교적인 관점에서 해석하면 무슬림의 먹는 행위는 알라를 숭배할 수 있도록 에너지를 보급하는 것이다. 이슬람교에서 음식과 관련된 계시는 "좋은 것을 먹고 올바로 행동하라"(꾸란 23:51)라는 구절로 정리된다.

이런 이유 때문에 (현실에서는 다른 이야기지만) 원칙적으로 무슬림은 단지 먹고 마시기 위해, 그리고 그 욕망 때문에 먹거나 마시지 않는다. 즉, 배고프지 않으면 먹지 않고 목마르지 않으면 마시지 않는다. 또한 음식은 소박하고 검소해야 한다. 음식 절제에 대한 이슬람교의 입장을 가장 잘 표명하는 것이 무슬림의 5대 의무사항 중 하나인 라마단 ramadaan이다. 라마단 달에는 남녀노소를 불문하고 모든 무슬림은 한 달 동안 금식을 할 것을 규정하고 있다. 금식을 통해 무슬림은 절제력과 인내심을 배울 수 있다.

무슬림에게 먹는 것이 종교적인 행위인 만큼 어떤 음식을 먹는가는 상당히 중요한 문제이다. 이슬람교에서는 인간에게 허용된 음식과 금기된 음식을 명확하게 구분 지으며 모든 무슬림은 반드시 합법적인 음식을 섭취할 것을 권장한다. 이슬람교에서 인간에게 허용되는 음식을 할랄halal, 금지되는 음식을 하람haram, 그리고 권장되지 않는 음식을 마크루makruuh라고 규정하며, 이를 준수하는 것은 무슬림의 가장 기본적인 의무사항으로 간주된다. 그렇다면 이슬람교에서 허용된 음식과 금지된 음식에는 어떤 것들이 있을까?

무슬림에게 허용된 음식과 금지된 음식

이슬람교는 7세기 태동 후 지금까지 전 세계 약 16억 무슬림의 음식문화에 대한 지침을 제공해왔다. 비록 이슬람교는 음식 앞에서 절제를 가르치지만 식도락食道樂에 대한 이슬람교의 입장은 상당히 긍정적이다. 이슬람교에서는 만물이 인간의 필요에 종속된다는 입장을 취하고 있으며, 따라서 인간은 신으로부터 부여받은 모든 것을 즐길 권한이 있다(Foltz, 2006: 15). 꾸란 제5장 4절에 따르면 무슬림에게 허락된 음식은 '좋은 것들'이라고 규정하고 있다. 여기에서 의미하는 '좋은 것들'이란 원칙적으로 깨끗한 사람, 즉 무슬림에 의해 준비된 '깨끗한 음식'을 의미한다. 정화된 음식을 통해 무슬림은 인간에 대한 신의 자비와 힘을 느낄 수 있기 때문이다. 꾸란에 언급된 좋은 음식에는 하느님의 축복을 받은 과실인 무화과와 올리브(꾸란 95: 1), 종려나무열매대추야자와 포도, 꿀(꾸란 47: 15), 석류 등이 있다. 신의 축복을 받은 과일은 아랍 무슬림이 가장 즐겨 먹는 음식의 주재료로 쓰인다. 이슬람교는 신이 인간에게 허락한 것들을 즐길 권한을 부여하고 있다.

한편 꾸란 제5장 3절에는 무슬림이 먹으면 안 되는 음식, 즉 하람에 대해 규정하고 있다. 하람 음식에는 "죽은 고기와 피와 돼지고기와 하느님의 이름으로 잡은 고기가 아닌 것, 교살된 것과 때려잡은 것과 떨어져서 죽은 것과 서로 싸워서 죽은 것과 다른 야생이 일부를 먹어버린 나머지와 우상에 제물로 바쳤던 것과 화살에 점성을 걸고 잡은 것"이 있다. 그러나 금지된 음식이더라도 기아의 상태에서 생명이 위험할 때 (꾸란 2: 173; 16: 115; 6: 145), 목숨을 구할 때, 또는 무의식중에 먹었을 때 (꾸란 2: 173; 16: 115; 6: 145)는 허용하는 유연한 입장을 취한다.

전통적으로 사막 생활을 했던 아랍인은 사냥을 상당히 즐긴다. 그래서 이들에게는 사냥감이 먹기에 합당한 것인지 아닌지도 중요한 문제이다. 이슬람교에서는 원칙적으로 사냥개에 물려 죽은 모든 동물의 식용을 금지한다. 그런데 예외의 경우가 있다. 사냥개가 사냥감을 죽이기 전에, 또는 활을 쏘기 전에 '비스밀라*bismillah*: 알라의 이름으로'를 암송하면 사냥감이 사냥 중에 죽은 것이라 해도 먹을 수 있다. 그 밖에 대부분의 곤충류와 파충류, 그리고 송곳니가 있는 동물, 발톱 있는 새는 '비스밀라'를 외치고 잡은 것이라 할지라도 먹을 수 없다.

이슬람교에서는 동물의 피도 오염된 것으로 규정한다. 그래서 피는 요리 전에 반드시 제거해야 한다. 이러한 전통은 동물의 피는 오염된 것이라는 유대교의 관습으로부터 비롯되었다. 동물의 피는 이슬람교 출현 이래 하람 음식으로 인식되어 먹지 않았으나, 이슬람교가 전파되기 이전에는 사막의 유목민에게 유용한 먹을거리로 간주되었다. 사막의 아랍인들은 낙타의 털과 피를 잘 섞은 다음 불 위에서 요리한 음식을 즐겨 먹었다고 한다. 9세기경 아라비아 반도의 예멘과 동아프리카의 소말리아 사이에 위치한 아덴 만의 남쪽에 있는 베르베라까지 갔던 한 중국인 여행가는, 그곳 주민이 "종종 소의 정맥을 바늘로 찔러서

피가 나오게 한 다음 그것을 우유와 섞어서 날것으로 마신다"고 기록하고 있다(태너힐, 2006: 168). 낙타의 피는 특히 사막의 유목민에게 유용한 음식 대용품 역할을 했다. 낙타의 피는 특별한 수송이나 준비 또는 요리가 필요치 않았기 때문이다.

이슬람식 도축법

한국을 방문한 무슬림들은 대체로 육류를 먹기 꺼리고, 그 대신 생선을 먹는다. 육류의 경우 무슬림은 이슬람교에서 허용된 '깨끗한' 음식, 즉 할랄 음식만 먹기 때문이다. 무슬림의 '깨끗한' 음식 준비과정은 일정한 절차를 거쳐야 한다. 무슬림은 도축할 동물의 머리를 이슬람교의 성지인 메카 방향으로 돌려 눕히거나 든 채 날카로운 칼로 목을 따 모든 피를 제거한 것만 섭취한다. 이를 '다비하*dhabiyihah*'라고 한다. 다비하 의식을 따르는 도축방식은 반드시 무슬림이 행해야 한다. 또한 도축하는 사람은 반드시 '비스밀라' 혹은 '알라 알-아크바르 *allah al-akbar*: 신은 위대하다' 라는 문구를 언급하면서 '알라Allah: 하느님'의 이름으로 도축을 행해야 한다. 이는 하느님께서 창조하신 음식에 대한 감사의 의미와 모든 것이 하느님으로부터 와서 다시 하느님께로 귀의한다는 것을 뜻한다.

비무슬림의 입장에서 보면 날카로운 칼로 동물의 동맥을 단칼에 끊는 것은 어쩌면 굉장히 야만적으로 보일지도 모르나, 연구에 의하면 이슬람식 도축법이 전기충격요법보다 동물의 고통을 훨씬 덜어준다고 한다. 동맥을 단칼에 끊으면 뇌까지 전해지는 산소와 피가 급속히 멈추기 때문에 동물은 의식과 모든 감각을 빠르게 잃는다는 것이다. 의학용어로 뇌빈혈anemia이 불과 몇 초 만에 일어나 동물은 고통은 적게 느끼면서 바로 즉사하게 된다(http://islamic-practices.suite101.com/article.cfm/ritual_slaughter_in_islam_dhabihah, 2008년 10월). 즉, 이슬람교의 입장에서 보면 이슬람식 도축법은 동물에게는 평안하게 저세상으로 갈 수 있는 최선의 방법이자 최고의 배려인 것이다.

이 밖에도 동물을 도축할 때 무슬림이 따라야 하는 또 다른 조건이 있다. 다른 동물들이 보는 앞에서 다비하 의식을 행해서는 안 되며, 다비하 의식을 행하기 전에 동물에게 칼을 보여서도 안 된다는 것이다. 동물에 대한 측은지심에서 우러나오는 행위라 할 수 있다. 다비하 의식과 관련된 모든 조건을 고려해볼 때 이슬람교는 상당히 동물우호적인 종교라는 것을 짐작할 수 있다.

그렇다면 다비하 의식의 제물로 쓰이는 동물로는 어떤 것이 있을까? 무슬림은 양고기와 염소고기를 가장 선호하고, 간혹 낙타고기와 쇠고기도 즐겨 먹는다. 무슬림은 종교적인 관점에서 양을 가장 신성한 동물로 간주하는데 여기에는 이슬람교의 선지자 아브라함에 얽힌 전통이 있다. 전설에 의하면 아브라함이 아들 이삭을 제물로 바치기 위해 죽이려는 순간 천사가 나타나 이를 멈추고 양을 대신 제물로 바치라 했다고 한다. 양을 신성한 동물로 간주하는 이슬람교의 전통 때문에 무슬림은 손님이 왔을 때 환대의 의미로 양 한 마리를 통째로 요리하곤 한다.

도축은 주로 무슬림 남성의 몫이다. 어느 문화권을 막론하고 예로부터 육류는 남성의 상징으로 간주되어왔다. 이는 이슬람 사회에서도 마찬가지다. 이슬람 사회에서 축제나 행사 때 양의 도축과 요리는 주로 남성이 맡고 있다. 고기는 과거에는 특별한 축제나 종교적 행사가 있을 때만 상에 올라온 아주 귀중한 음식이었기 때문이다. 따라서 명절이나 결혼식과 같은 집안 행사 때 요리하는 남성들의 모습을 자주 볼 수 있다. 남성들은 고기요리를 함으로써 매번 종교적 의무를 수행하는 것이다(뮐러, 2007: 46). 이에 반해 일상생활에서의 요리는 여성의 몫으로 간주된다. 일상생활에서의 요리는 평범하고 세속적인 일이라 여기기 때문이다.

어류에 대한 이슬람교의 입장

그렇다면 어류는 어떨까? 이슬람교에서는 일반적으로 비늘이 있는 생선과 살아 있을 때 잡은 생선은 모두 할랄로 규정한다. 그러나 죽은 생선에 대한 입장은 그 의견이 분분하다. 죽은 생선을 하람으로 규정하는 사람도 있는데 이는 이슬람교에서 죽은 고기는 하람이라는 규정을 어류에도 적용한 것이다. 반면 무슬림은 일반적으로 게, 거북, 개구리와 기타 모든 양서류는 하람으로 간주하여 먹지 않는다. 즉, 아랍 무슬림의 관점에서 보면 한국의 '몸보신용' 음식은 모두 하람인 것이다.

식용 가능한 어류의 종류에 대해서는 이슬람교 내부에서도 서로 다른 목소리가 공존하고 있다. 이슬람교의 4대 법학파 중 한발리Hanbali와 샤피Shafii 학파는 바다에 사는 모든 동물을 할랄로 본다. 따라서 조개, 새우, 바닷가재, 상어 등과 모든 어류는 먹을 수 있다고 한다. 말리키Maliki 학파는 장어를 제외한 모든 어류와 바다동물을 먹을 수 있다고 본다. 하나피Hanafi 학파는 음식에 대해 가장 보수적인 입장이다. 하나피 학파는 어류만을 허용하고, 조개, 새우, 바닷가재 등을 먹는 것은 모두 금지한다. 단, 상어는 허용한다. 그 형태가 어류와 같기 때문이다.

표면적으로 꾸란에는 할랄과 하람 음식에 대한 구분이 간단명료하게 명시되어 있어 혼란의 여지가 없을 것 같다. 그러나 무슬림들은 일상생활에서 산업적으로 생산된 음식을 먹을지 여부에 대해 무척 혼란스러워하고 있다. 첫째, 할랄이라고 명시되어 있는 음식조차 따지고 보면 때로는 할랄 음식이 아닐 수 있기 때문이다. 예컨대 빵, 케이크, 비스킷, 과자, 냉동식품, 유제품, 캔에 든 과일과 채소, 수프, 초콜릿 등에 비이슬람식으로 도축된 육류나 그렇다고 의심되는 육류의 고기, 뼈, 지방에서 추출한 첨가물과 방부제, 또는 발효과정에서 생성되는 알코올 등이 섞여 있을 수 있다(Flotz, 2006: 117). 음식뿐 아니라 동물의 추출물이 첨가되는 화장품이나 의약품도 마찬가지다. 일례로, 보톡스는 한때 젊음을 되돌려 준다는 광고 때문에 전 세계적으로 선풍적인 인기를 끌었으나 이슬람 세계에서는 반응이 냉랭했다. 보톡스에 이슬람교에서 금기 식품으로 규정한 돼지의 젤라틴 성분이 있다는 소문 때문이었다. 결국 이 소문에 대한 진상을 파악하기도 전에 무슬림 여성들은 보톡스 체험을 꺼렸다.

둘째, 좀 더 근본적인 문제로 할랄의 정의가 법학파의 입장에 따라

할랄 마크가 찍힌 음식광고(위)와, 다양한 할랄 마크(아래)

그리고 거주 지역에 따라 상당한 차이가 난다는 것이다. 예컨대 무엇을 먹을 것인가에 대해서는 앞에서 소개했듯 법학파마다 입장이 다르며 심지어 가축의 먹이, 도축방식, 포장방법 등에 관한 규정이 국가뿐만 아니라 지방에 따라 다르다. 영국만 하더라도 할랄 증명 단체가 20여 개나 있어 무슬림의 먹을거리에 대한 하나의 규격화된 입장을 찾아보기 힘들다. 무슬림 인구가 증가하면서 오늘날 할랄이 보증된 음식에 대한 수요는 전 세계적으로 증가하는 추세이다. 따라서 세계적으로 하나로 규격화된 체계적인 할랄 보증 기준을 마련하는 것이 시급한 과제로 떠오르고 있다.

한식의 무슬림 시장 진출 가능성

한류 바람을 타고 이제는 한식에도 세계화 바람이 불고 있다. 정부 차원에서 한국음식을 세계에 알리기 위해 다양한 프로젝트가 학계와 민간 부문에서 추진되는 것이다. 만일 우리의 음식이 무슬림의 입맛을 사로잡는다면 우리의 국가 경쟁력은 한층 강화될 것이다. 전 세계적으로 증가하는 무슬림 인구수를 감안할 때, 그것도 중산층의 소비력을 갖춘 신세대 무슬림을 고려한다면 가만히 있을 일이 아니다. 무슬림의 잠재성을 의식하듯 무슬림 할랄 시장은 2010년 현재 약 55억 유로로 추정된다(《연합뉴스》, 2010년 4월 5일 자). 그래서 선진국들은 진작부터 무슬림 할랄 시장에 적극적으로 뛰어들고 있다.

예컨대 미국의 맥도널드에서는 소비력 있는 중산층 무슬림을 공략하기 위해 할랄 치킨너겟을 출시했으며, 프랑스에서는 무알콜 샴페인과 할랄 푸아그라를 만들어 무슬림 미식가들의 입맛을 유혹하고 있다. 이러한 사실로 볼 때 우리도 무슬림 시장을 공략하기 위해서 그들의 문화코드를 이해하고 배려하는 자세를 갖는다면 틈새시장에서 승산이 있다. 만일 우리 국민의 효자 수출품인 라면을 만들 때 이슬람식으로 도축된 소와 닭고기의 국물로 분말수프를 만든다면, 또 화장품을 수출할 때 알코올이 들어가지 않은 한방식물성을 전략적으로 홍보한다면 무슬림 시장에서의 성공은 시간문제일 것이다.

라마단의 음식문화

　이제 우리에게 라마단이라는 단어가 낯설게만 들리지는 않는다. 라마단은 이슬람교를 믿는 사람이라면 반드시 지켜야 할 무슬림의 5대 의무 중 하나로, 한 달 동안 금식을 하는 행위를 말한다. 비무슬림은 라마단의 금식 규칙을 잘 모르기 때문에 무슬림이 한 달 내내 굶을 것이라 생각하기도 한다. 그러나 한 달 내내 굶는 무슬림은 없다. 과연 라마단의 금식 규칙은 무엇인가? 무슬림은 라마단을 어떻게 보낼까? 라마단의 의미는 무엇이며 왜 금식의 날짜는 매년 달라지는 것일까?

라마단이란 무엇인가

라마단은 이슬람력 9월에 무슬림이 금식을 행하는 달이다. 무슬림은 이슬람력 9월을 가장 신성한 달로 간주하며 금식을 행한다. 이슬람교의 창시자인 사도 무함마드가 이달에 천사 가브리엘로부터 첫 계시를 받았다고 한다. 또한 이슬람력 9월은 사도 무함마드가 메디나로 침입한 메카 군을 상대로 치른 최초의 전쟁에서 승리한 달이기도 하다.

이슬람력에서는 1년이 우리가 쓰는 그레고리력보다 약 11일이 적은 354일이기 때문에, 그레고리력 기준으로 보면 라마단 달이 해마다 조금씩 앞당겨진다. 라마단이 겨울에 오면 해가 떠 있는 시간이 여름에 비해 짧아서 비교적 쉽게 라마단을 지낼 수 있다. 그러나 여름에 라마단 달을 맞게 되면 날씨도 더운 데다 해가 떠 있는 시간도 길어 힘들게 한 달을 보내야 한다. 라마단 달의 시작과 끝은 종교 권위자나 사원의 이맘이 선포한다. 이들은 육안으로 초승달의 형태를 관찰하고 라마단 달의 시작을 알린다.

무슬림은 라마단 달이 다가오면 해 뜨는 시각부터 해 지는 시각까지만 금식과 금욕을 실천한다. 단, 병자나 노약자, 정신병자, 그리고 생리 중인 여성, 임산부나 수유를 하는 여성, 여행객, 아이 등은 그 대상에서 제외한다. 특히 생리 중인 여성은 자신이 금식을 행하지 못한 일자를 세어 라마단이 끝나더라도 그 후에 보충할 수 있다.

라마단 달에 무슬림이 행하는 금식 · 금욕의 범주는 상당히 폭넓다. 금식에는 음식을 삼가는 물리적인 금식행위뿐 아니라 감각적인 즐거움이나 험악한 말과 행동을 삼가는 정신적인 금욕행위도 모두 포함된다. 심한 경우 자신의 타액까지 삼키지 않는 사람도 있다. 즉, 무슬림은 라마단 기간 동안 음식섭취뿐만 아니라 물과 담배, 그리고 부부관계까지 삼간다. 그래서 웬만하면 라마단 달에 결혼날짜를 잡지 않는다. 금식기간 동안에는 가장 기본적인 욕구인 음식섭취를 의도적으로 차단하기 때문에 라마단 기간 동안 무슬림은 신경이 굉장히 날카로워진다. 따라서 무슬림은 정신적·육체적으로 힘든 라마단 기간 동안 자아절제를 통해 가족이나 이웃에게 호의를 베풀거나 관대한 행위를 하면 더 많은 보상을 받을 수 있을 것이라 생각한다. 이러한 이유로 라마단 달에는 불우이웃을 돕는 일이 많아진다.

라마단 기간 동안 단식을 하는 무슬림의 입 냄새는 그리 유쾌하지 않다. 그러나 무슬림은 라마단은 신성한 행위이기 때문에 입에서 나는 악취가 향수보다 낫다고 여긴다. 또한 심판의 날이 다가오면 알라는 라마단 기간 동안 금식을 행한 무슬림의 입 냄새를 향기로운 사향 냄새로 보답할 것이라고 믿고 있다. 이처럼 물리적이거나 정신적인 금식·금욕행위를 통해 무슬림은 알라를 더욱 가까이에서 느낄 뿐만 아니라 모든 사람이 동등하다는 평등사상도 배우고 있다. 신분과 나이, 성별에 상관없이 모든 무슬림은 성인이 되면 금식을 행하기 때문이다.

라마단의 식사문화

비무슬림에게 한 달 동안의 금식은 상당히 고통스럽게 생각될 것이다. 그러나 무슬림은 라마단을 고통의 시간이라기보다 오히려 기쁨의 시간으로 여긴다. 무슬림은 금식을 통해 절제력과 자제력을 기르며 타인에 대한 배려도 배우게 된다. 라마단은 성스러운 기간이므로 이 기간 동안 무슬림은 이웃과의 분쟁이나 전쟁을 피한다. 또한 라마단 기간에 무슬림은 '우리는 하나'라는 사회적 단결심과 통합감을 느낀다. 여건이 허락되는 한 모든 무슬림이 금식에 동참하기 때문이다. 아이들은 7세나 8세부터 짧은 기간 동안 참여하다가 기간을 서서히 늘려간다. 사춘기 혹은 성숙기_{남아 14세, 여아 12세}가 되면 전격적으로 라마단의 금식에 참여하게 된다.

라마단 기간에 무슬림이 먹는 식사는 하루에 두 끼이다. 첫 번째 식사는 일몰 직후 금식을 깨는 '이프따르*iftaar*'이고, 두 번째 식사는 새벽 동이 트기 전에 먹는 '수흐르*suhr*'이다. 사람마다 이프따르를 하는 방식은 다르다. 일몰 직후 바로 식사를 많이 하는 사람도 있고, 물과 함께 대추야자 두세 알로 단식을 멈추고 기도를 한 뒤 식사를 하는 사람도 있다. 후자가 사도 무함마드가 행했던 방식이라고 믿기 때문에 무슬림은 대부분 후자의 금식방법을 따른다. 또한 의학적으로도 이 방법을 권하고 있다. 하루 종일 주린 위를 갑자기 음식으로 가득 채울 경우 부작용이 따를 수 있으므로, 웬만한 사람들은 일단 부드러운 음식으로 서서히 위를 깨우는 방식을 선호한다.

금식을 깰 때 먹는 음식은 지역마다 다르다. 걸프 지역에서는 라마다니야*ramadaniyah*라는 음식으로 단식을 종료하는데, 주로 밤새 물이나 우유에 담가놓은 견과류로 만든다. 또는 마른 살구, 무화과, 자두 등을 밤새 물에 불려 살구 반죽, 아몬드, 피스타치오, 잣, 오렌지 물과 섞은 것을 주 메뉴 시작 전에 먹기도 한다. 북아프리카에서는 하리라*harira*라는 수프로 하루의 식사를 시작한다. 하리라는 양고기로 우려낸 육수, 양고기, 렌즈콩, 병아리콩, 토마토, 양파, 마늘, 허브, 향신료 등을 섞어 만든 수프이다. 터키에서는 양의 내장으로 만든 수프로, 이란에서는 우유, 쌀, 쌀가루, 사프란 등으로 만든 수프로 하루의 식사를 시작한다. 간단한 식사를 마치면 사원에서 저녁예배를 드린 후 본격적으로 식사를 시작한다.

라마단 기간 동안에는 특히 디저트나 간식 등 단 음식이 많이 소비된다. 이 때문에 라마단 기간 동안에 무슬림들은 고열량 음식 소비로 몸이 많이 불게 된다. 날씬한 몸이 이상적인 사회문화의 코드가 된 오늘날 잡지와 TV에서는 라마단 기간 동안 살이 찌지 않는 다이어트 팁을 소개하기도 한다.

라마단은 사회교류의 장

라마단 기간 동안 무슬림은 전통적으로 가족, 그리고 이웃이나 친지와 함께 이프타르를 같이한다. 이때 먹는 식사의 양은 어마어마하다. 마치 하루 동안 먹지 못했던 것에 대해 보상이라도 받으려는 양 다음 날 금식시간이 시작되기 직전까지 먹는다. 산술적으로 따지면 라마단 기간 동안 하루 한 끼나 두 끼 이상을 거르게 되므로 소비가 위축될 것 같지만, 무슬림에게 라마단은 오히려 소비의 달이다. 돌아가면서 가족, 친구나 친지를 초대해 같이 식사를 하기 때문이다. 무슬림은

라마단 때 먹는 전통 아랍과자

이프타르를 준비할 때 자신의 관대함을 보이기 위해 음식을 풍성하고 넉넉하게 준비한다. 이 때문에 남은 음식이 쓰레기로 쌓여 라마단 기간에 심각한 사회문제가 되고 있다.

라마단 기간 동안 이웃 친지를 방문할 때는 일정한 사회적 규칙이 있다. 우선 자녀가 부모를 먼저 방문한다. 아랫사람이 윗사람을 먼저 방문하는 것이다. 자녀들 사이에서도 나이에 따라 방문 순서가 정해져 있다. 방문을 받은 사람은 반드시 상대방을 방문해야 예의에 맞는다. 따라서 자녀의 방문 후 부모는 자녀의 집을 방문한다. 이처럼 서로를 방문하면서 가족 간 화합을 도모한다. 라마단은 또한 용서의 달로 간주되기 때문에 가족과 친지들은 그동안 담아두었던 서로의 과오를 용서하며 잘못을 덮어주기도 한다. 다시 말해 라마단은 한 해 동안 쌓였던 앙금과 갈등을 씻어 새 출발을 하는 달인 것이다.

가족뿐만 아니라 이웃 친지 방문도 중요한 행사이다. 우리의 명절처럼 무슬림은 라마단 때 친한 사람끼리 서로를 방문하기도 하고 음식을 선물로 주기도 한다. 전통적으로 고기 선물이 선호되었으나 오늘날에는 음식 외의 것을 교환하기도 한다. 아이들은 라마단 기간 동안 어른들에게 보상과 격려 차원에서 작은 선물이나 과자, 돈 등을 받는다. 아이들은 특히 라마단이 끝나고 바로 시작되는 이드 알-피프르 'iyd al-fitr라 부르는 명절 때 어른들에게서 이디야 'iydiyah라는 돈을 받는다. 이디야는 우리의 세뱃돈과 같은 의미로, 아이가 성장하면 더는 주지 않는다. 오히려 자녀에게 경제력이 생기면 이디야를 '받는' 쪽에서 '주는' 쪽으로 입장이 바뀌게 된다. 이처럼 무슬림의 라마단과 이드 알-피프르를 살펴보면 우리네 설과 추석과 같은 명절과 많은 면에서 공통점을 발견할 수 있다.

라마단의 이프따르를 광고하는 버거킹
오늘날 젊은 무슬림들은 집뿐만 아니라 패스트푸드 음식점에서 이프따르를 같이 행하기도 한다.

　이프따르는 정치인에게도 상당히 중요한 행사이다. 정치인들은 사회의 주요 인사나 일반인을 초대해 같이 식사를 하면서 자신의 종교적 신실함과 관대함을 공식적으로 보여주기도 한다. 이를 통해 자신의 정치적 기반을 넓힐 수 있기 때문이다. 정당과 자선단체도 가난한 사람을 위해 이프따르를 조직한다. 긴 식탁과 의자를 길거리에 놓고 무앗진 *muadhin*의 기도 알림 소리가 끝나면 미리 차려놓은 음식을 먹는다. 길거리에서 차리는 이프따르에는 가난한 사람뿐만 아니라 금식 종료시간 전까지 집에 도착하지 못하는 사람들도 빈번히 동참한다. 그 밖에도 회사에서는 라마단 때 직원들

발코니 천장에 달려 있는 판누사
오늘날 판누사는 들고 다니는 대신 라마단 기간 내내 집 앞에 주로 걸어둔다.

이 함께 식사를 할 수 있도록 음식점을 빌려 이프따르를 같이 행하면서 동료애를 아울러 다지기도 한다.

 이프따르 의식이 점차 집 안보다는 밖에서 빈번히 행해진다는 점이 재미있는 변화 중 하나다. 즉, 라마단 때의 식사는 사적인 일에서 공적인 행사가 되어가고, 이러한 추세에 발맞추어 이프따르도 점차 상업화되어가고 있다. 이를 겨냥하여 각종 음식점에서는 라마단 이프따르 식사를 위한 특별식단을 제공하기도 한다.

 이프따르가 끝나면 어른들은 영화를 보거나 쇼핑을 하기 위해 집을 나선다. 아이들은 전통적인 놀이를 한다. 그중 하나가 판누사 *faanuusa* 라는 등불을 들고 이웃집을 돌아다니며 사탕, 초콜릿, 견과류 등을 큰

과자를 얻는 놀이
라마단 때 아이들이 바구니를 들고 집집마다 다니며 과자를 얻는 전통 놀이를 하고 있다. 바레인박물관.

가방이나 바구니에 모으는 놀이이다. 이는 미국과 유럽 아이들이 하는 핼러윈 행사와 비슷하다. 이처럼 라마단 기간 동안 사람들 간 사회교류는 한층 강화되며 돈독해지기 때문에 무슬림은 라마단을 신성한 종교의 달과 동시에 축제의 달로 간주하고 있다.

일출 전에 먹는 음식

라마단 때 두 번째로 중요한 식사는 일출 전에 해결하는 새벽식사인 수흐르이다. 이는 대부분 아주 가벼운 수프를 먹는 것이다. 금식을 하는 동안 갈증을 느끼지 않도록, 수프를 만들 때 너무 짜거나 소화하기 힘든 재료를 쓰지 않는다. 수흐르의 방식도 개인에 따라 다르다. 어떤 사람은 새벽에 일어나 금식이 시작되기 전에 먹는 반면 늦게까지 잠을 자지 않는 사람들은 수흐르를 해결하고 잠자리에 든다. 과거에는 전통적으로 무사하라*musaharah*라고 부르는 사람이 판누사를 한 손에 들고 골목골목 돌아다니며, 노래 부르고 드럼을 두드리며 잠을 자는 사람들을 깨우면서 수흐르 시간을 알렸다고 한다. 한국에서 겨울에 등장하는 메밀묵 장수와 비견되는 듯하다.

이처럼 라마단 기간에는 금식도 중요하지만 무엇을 어떻게 먹을 것인가도 상당히 중요한 문제이다. 라마단 기간 동안 무슬림은 음식을 통해 사회적·종교적 기능을 수행하기 때문이다.

무슬림의 축복의 열매, 대추야자

　대추야자는 고대부터 현대에 이르기까지 아랍 무슬림이 가장 사랑하는 열매이다. 대추야자에는 단백질, 당분, 철, 마그네슘과 칼륨이 풍부하다. 특히 무슬림에게 대추야자는 라마단 달에 없어서는 안 될 종교적 열매이며 축복받은 열매로 간주된다. 이슬람교의 전통에 따르면 사도 무함마드는 라마단 달의 금식 후 대추야자 몇 알로 금식을 끝냈다고 한다. 이러한 전통은 오늘날까지 지켜지고 있는데, 무슬림은 여전히 라마단 달 금식을 끝낼 때는 대추야자 몇 알을 먹는 것으로(대체로 홀수로 먹는다) 하루 동안의 금식을 종료한다.

대추야자 재배의 역사와 종류

　중동 지역에서 대추야자가 재배되기 시작한 것은 기원전 5000년경부터이다. 대추야자는 곡식보다 저렴했기 때문에 가난한 사람들의 주식으로 애용되기도 했다. 대추야자는 생으로 먹기도 하고 말려서 먹기도 한다. 특히 오늘날 말린 대추야자는 다양한 형태로 소비되는데, 말린 것을 그냥 먹기도 하고 씨 부분을 제거한 후 아몬드와 같은 견과류를 대신 넣거나 치즈나 햄, 초콜릿을 넣어 먹기도 한다. 대추야자는 성숙단계별로 킴리*khimri* · 칼랄*khalal* · 루탑*rutab* · 타므르*tamr* 등

선물용 대추야자

고유한 이름으로 불린다. 킴리는 익지 않은 상태, 칼랄은 완전히 자라 씹으면 우두둑 소리가 나는 상태, 루탑은 익어 부드러운 상태, 타므르는 익은 것을 말린 상태를 말한다. 아랍인들이 가장 즐겨 먹는 것은 타므르이다.

    겨울에는 대추야자를 건조시켜 압착한 것을 주로 먹고, 때때로 이를 잘게 다져서 보리 반죽에 섞어 구워 먹기도 한다. 대추야자를 넣은 빵은 오늘날에도 결혼식 때 주로 소비되고 있다. 그런데 대추야자의 쓰임새가 먹는 것으로 끝났다면 이처럼 모든 아랍인에게 사랑받는 열매가 되지는 못했을 것이다. 특히 사막의 베두인에게 대추야자

상품화된 말린 대추야자(위)와
말리기 전 상태의 대추야자(아래)

는 아주 유용한 품목이었는데, 과거 대추야자는 '사막의 배'라고 부르며 유목민의 중요한 운송수단이었던 낙타의 사료나 숯으로도 이용되었다. 오늘날 대추야자의 최대 생산국은 사우디아라비아로, 그 종류만 400가지가 넘는다. 이 중 상업화된 것은 60여 종에 이른다. 이 같은 축복의 열매 대추야자는 아랍인을 위한 선물로도 아주 훌륭하다.

금기음식과 무슬림의 음식문화 I
돼지고기 혐오문화

이슬람교에서 가장 대표적인 금기식품 중 하나가 바로 돼지고기이다. 돼지고기는 유대교에서도 금기식품 1호이다. 돼지고기가 금기식품이 된 것은 이슬람교 출현 훨씬 전부터이다. 기원전 1800년경만 하더라도 돼지고기는 금기 대상이 아니었다가, 그 후 돼지 혐오문화가 중동인 사이에 서서히 정착되기 시작했다고 한다. 왜일까? 돼지 혐오문화의 배경을 환경적·종교적·문화적 관점에서 살펴보자.

고대 돼지 혐오문화의 환경적 요인

고대 페니키아, 이집트, 바빌로니아 문화권에서는 돼지 혐오문화가 민연했다. 우선 환경적인 요인에서 그 이유를 찾아볼 수 있다. 돼지는 소, 양, 염소와 달리 인간이 먹기에도 적합한 곡식을 주식으로 하므로 인간과 먹을 것을 두고 경쟁을 해야 하는 관계였다. 일례로 이집트에서는 돼지를 살찌우기 위해 중동인들이 가장 사랑하는 열매인 대추야자를 먹였다고 한다. 이에 반해 소, 양, 염소 등 반추동물은 섬유소가 많아 아무리 끓여도 인간이 먹기에 적당치 않는 풀이나 건초, 관목과 잎사귀 등을 먹고 살았다. 그래서 이 동물들은 인간과 경쟁 관계에 있기보다 인간의 생존에 오히려 유익했다. 게다가 이 동물들은 식량이 되는 것 외에도 쟁기를 끌어 농업생산력을 높였으며 그 배설물은 비료나 연료로 사용되었다(해리스, 2008: 83-85).

돼지 혐오문화의 종교적·문화적 요인

환경적 요인 이외에도 중동 지역에서 돼지고기를 금기음식으로 규정하는 돼지 굴욕의 역사는 유대교의 종교적 관점에서 찾아볼 수 있다. 유대교에서 섭취 가능한 동물은 굽이 갈라지거나 되새김질하는 동물로 한정되어 있다. 돼지는 그 어느 쪽에도 속하지 않는 동물이다. 따라서 유대인들은 정체성이 애매한 돼지를 불결하다고 취급했다. 결국 돼지는 먹기에 적당치 않은 것이 되었을 뿐 아니라 혐오스러운 동물로 낙인찍혀 버렸다(해리스, 2008: 83).

유대교의 돼지 혐오문화는 그들과 이웃하며 살던 아랍인에게도 영향을 미쳤다. 이슬람교의 선지자인 사도 무함마드는 신의 계시를 받기 전부터 유대인과 교류했기 때문에 유대교의 관습과 문화는 이슬람교에도 자연스럽게 유입될 수 있었다. 이슬람교 경전인 꾸란에는 돼지고기의 식용을 금할 것이 네 번이나 명시되어 있다.

종교적 이유 이외에도 아랍 무슬림이 돼지를 오염되고 더러운 동물로 여기며 꺼리는 이유는 여러 가지다. 우선 위생적 관점에서 돼지는 불결한 짐승으로 인식된다. 돼지는 부패했거나 더러운 것을 먹기 때문이다. 돼지는 심지어 자신의 배설물 또는 다른 동물의 배설물도 먹어 해치운다. 둘째, 도덕적 관점에서 돼지는 타락한 동물로 간주된다. 돼지는 짝을 정하지 않고 난교를 즐긴다고 알려져 있기 때문이다. 이는 이슬람교에서 가장 혐오하는 행위이다. 셋째, 의학적 관점에서도 돼지의 식용은 금기시된다. 돼지에 기생하는 촌충은 더운 사막 기후에서 쉽게 설사를 일으키게 하기 때문이다. 마지막으로 경제적인 관점에서 돼지는 사막의 유목민이 키우기 힘든 동물이다. 돼지는 피부의 습도를 항상 일정하게 유지해야 하므로 유목민이 돼지를 키우려면 돈이 많이 든다. 돼지는 유목민보다는 정착민의 동물인 것이다.

그렇다면 아랍 지역에서 돼지고기를 먹는 것은 아예 불가능한가? 그렇지는 않다. 음식규정 면에서 비교적 자유로운 아랍의 기독교인들은 돼지를 사육하기도 하고 시장에 유통도 시킨다. 아랍 기독교인이 운영하는 정육점에 가면 돼지고기를 구할 수도 있다.

금기음식과 무슬림의 음식문화 Ⅱ
금지된 음료, 술

돼지와 함께 술은 이슬람교의 금기음식 중 가장 대표적인 음료이다. 일부 국가에서는 허용되기도 하지만 사우디아라비아나 쿠웨이트처럼 이슬람 율법이 비교적 엄격하게 적용되는 국가에서는 입국 전 기내나 면세점에서 구입한 술을 세관에게 모두 압수당하고 만다. 무슬림들은 정말 술을 안 마실까?

이슬람교에서 술을 금지하게 된 배경

이슬람교에서 술을 금지하게 된 배경으로는 일반적으로 전쟁 전야에 병사 일부가 술에 취해 곤드라진 채 발견되었다는 이유가 가장 널리 알려져 있다. 그런데 알-가잘리는 이를 좀 구체적으로 입증해줄 사건을 다음과 같이 서술하고 있다(Swamp, 2002: 141).

> 『하디스』에 언급된 무함마드의 동료들은 술을 매우 좋아했다고 한다. 이 중 무함마드의 사위인 알리가 전하는 무함마드 삼촌, 함자의 일화가 가장 유명하다. (메카에서 메디나로 이주 후 쿠라이시 부족을 상대로 싸워야 했던) 바드루 전투(624년)에서 패배한

몫으로 알리에게는 암낙타 한 마리가 주어졌다. 그런데 그날 사도는 알리에게 자신의 몫에서 5분의 1을 더 얹어주었다. 알리는 일 때문에 그 암낙타를 타고 무함마드의 협력자 집을 방문했다(협력자란 사도 무함마드가 메카에서 메디나로 이주했을 때 그곳에서 정착할 수 있도록 도와준 메디나 사람들을 말한다). 암낙타를 밖에 묶어두었는데 일을 마치고 나올 때 보니 낙타의 봉은 토막이 나 있고 둔부는 잘려 나갔고 간도 없어져 버렸다. 알리가 누구의 소행인지 주변 사람들에게 묻자 사람들은, 함자가 그랬으며 지금 협력자와 함께 가수를 대동하고 술집에서 술을 마신다고 했다. 알리가 무함마드에게 달려가 이 사실을 보고하자 무함마드는 망토를 두르고 함자 있는 곳으로 가서 그를 나무랐다. 함자는 붉은 눈으로 무함마드를 쳐다보았다. 눈을 내리깔아 무함마드의 무릎을 보다가 허리를 보더니 다시 사도의 눈을 보면서, "너는 내 아버지의 노예가 아니더냐!"라고 실언을 했다. 사도 무함마드는 그가 술 취한 것을 보고 그냥 발길을 돌려 나와버렸다고 한다. 이 일로 이슬람교에서는 술이 금지되었다.

일화에서 알 수 있는 것처럼 이슬람교에서 술을 금지하는 가장 큰 이유는 이성과 절제심의 상실 때문이다. 사람이 이성을 상실하게 되면 수치스러운 일을 행하며, 최악의 경우에는 간통이나 강간과 같은 범죄를 저지를 수도 있다. 그러나 역사적 사료들을 살펴보면 아랍의 무슬림은 절대적으로 술을 배척한 것만은 아니었다. 심지어 사도 무함마드 역시 술을 매우 사랑했다고 한다. 그가 즐겨 마시던 술은 나비즈*nabiz*라고 하는데 대추야자 잘 익은 것과 설익은 것을 섞어 발효시킨 것이었다. 사도의 아내인 아이샤는 "우리가 아침에 물 담는 가죽부대에 나비즈를 만들면 사도는 저녁에 마셨고 저녁에 만들면 아침에 마셨다"고 했고, 무함마드의 사촌인 이븐 압바스는 "저녁 무렵 사도를 위해 나비즈를 만들면 다음 날 아침과 저녁, 그다음 날도 계속 마셨다"고 전하고 있다(Swamp, 2002: 142).

그렇다면 무슬림 신학자들은 이슬람교에서 술을 금한 사도의 행동을 어떻게 합리화하는가? 이슬람교 신학자들은 나비즈는 술이 되기 이전의 상태이므로 마실 수 있다고 주장한다. 그러나 이슬람교에서는 모든 술과 과일을 발효시키는 과정에서 만들어지는 알코올을 금지한다. 금기가 사람들 사이에 합의가 되기까지는 시간이 필요하게 마련이라고 주장하는 이슬람교 신학자들도 있다. 그래서 이들은 술에 대한 금기조항을 초기 이슬람 사회까지 소급해서 적용하면 안 된다고 주장하여 사도 무함마드의 음주를 합리화한다. 사도 무함마드의 행위가 이슬람 신학에서 어떻게 합리화가 되었든 간에 중요한 사실은 아랍인들은 술을 매우 사랑했던 민족이라는 것이다. 아랍 문학에서 술을 주제로 한 주시가 발달했다는 것도 이를 반증하는 대표적인 근거가 된다.

아랍인의 애주가, 주시

주시酒詩는 사실상 이슬람교 출현 이전부터 존재했다. 그런데 아이러니하게도 주시는 이슬람교에서 술을 금한 중세에 더욱 발전해 아랍 문학의 한 장르로 당당히 자리매김을 하고 있다. 이슬람교 출현 이전부터 남성들은 자신의 호탕한 남성 기질, 부와 도량, 관대함을 나타내기 위해 술을 마셔댔다. 아라비아 반도에서는 환경요인 때문에 술 생산이 어려웠다. 그래서 술은 부근의 시리아, 이라크, 페르시아 지역에서 반입해 왔으며 수입품이었던 만큼 값이 매우 비쌌다. 술장수가 깃발을 세워 자신의 위치를 알리면 술을 사고 싶은 사람이 와서 깃발을 내리고 술을 산다. 그리고 자신이 산 술을 모든 사람들과 함께 나누어 마셨다고 한다. 아랍인 사이에서 술 마시는 데 재물을 탕진하는 것은 진정한 남자임을 인정받는 명예로운 일로 간주되었다(김능우, 2004: 91-93). 그 후 이슬람교가 출현하여 술은 금지품목에 들어갔다. 아랍인의 애주 습성이 하루아침에 바뀔 수는 없는 노릇이었다. 그래서 초기 이슬람 시대에는 금주를 단계별로 시행했다고 한다.

이슬람교의 금주 조치가 있었지만 중세까지 일부 시인들은 술을 소재로 삼아 노래를 불렀다. 그 내용도 다양해 술의 상태, 주연, 술자리에서의 노래와 대화, 술의 묵은 정도 등이 노래 가사의 소재로 등장한다. 심지어 일부 칼리프의 향연에서는 술이 빠질 수 없는 필수품목이 되었다. 술을 중심으로 칼리프의 연회가 귀족과 경쟁적으로 열렸을 정도이다(김능우, 2004: 103-107). 이러한 중세 아랍인의 술 문화를 반영하여 아랍어에는 '술친구'라는 뜻을 지닌 '나딤 *nadiym*' 이라는 단이가 있다.

중세 아랍인들은 술에 대해 어떤 노래를 했을까? 중세 이슬람 제국의 칼리프인 왈리드 이븐 야지드가 지은 다음 시를 보면 그들의 술에 대한 애정을 조금이나마 느낄 수 있을 것이다(김능우, 2004: 108).

> 유흥으로 근심을 깨어버리고 세월을 지내는 동안 포도주를 즐기라.
> ······
> 여러 햇수가 쌓여 만들어진 술, 그것은 세월 속에 오래 묵힌 술.
> 물과 섞이지 않을 때는 불꽃 같고 섞일 때는 금물 같다.
> 잔에 든 술은 횃불 같아 바라보는 자의 눈에 빛을 보낸다.

술을 좋아하는 아랍인의 피가 어디로 가겠는가? 아랍인의 술에 대한 애정은 오늘날도 마찬가지다. 아랍의 이슬람 국가에서는 공식적으로는 여전히 엄격하게 술의 유통을 차단하고 있고 일부 보수적인 국가에서는 술을 구하기가 여간 까다로운 것이 아니지만, 아이러니하게도 술이 이슬람 사회에서 매우 구하기 힘든 품목이 되었기 때문에 오히려 비즈니스 파트너에게 술을 접대하는 것이 상류층의 특권이 되기도 한다. 심지어 아랍인 집의 지하 벙커에 들어가면 술이 즐비한 바bar가 있을 정도라 한다. 이는 곧 금기를 깰 수 있다는 것은 금기를 지배할 수 있는 권력을 상징한다는 말과 통한다는 것을 보여준다.

무슬림과 채식주의

몇 년 전 이집트 친구에게 초대되어 가족의 식사자리에 참석했던 적이 있다. 육류, 해산물에다 날짐승까지 육·해·공 재료(?)로 푸짐하게 요리를 한 훌륭한 밥상이 차려졌다. 친구 어머니의 요리 솜씨에 감탄하며 식사 중 이런저런 이야기를 나누다가, 친구의 어머니는 딸이 일전에 초대했던 유럽인 친구 이야기를 꺼냈다. 그날도 친구 어머니는 훌륭한 요리 실력을 뽐내며 한 상을 근사하게 차렸으나, 유럽인 친구는 "저는 채식주의자예요"라고 한마디 하더니 고기 대신 '풀'만 먹고 갔다고 한다. 아직도 그날의 문화적 충격이 안 가셨던지 몇 년이 지난 그때도 친구 어머니는 다시 한 번 그 일을 되새겼다. 고기 섭취를 즐기는 무슬림 눈에 채식주의자는 외계인이다.

그런데 놀랍게도, 오늘날에는 아랍 무슬림 중에서도 채식주의자가 증가하고 있다. 그 배경은 무엇일까?

이슬람교와 채식주의에 대한 입장

이슬람 문화권에서는 종교적으로 육류 섭취를 권장한다. 꾸란에서는 도축방식 및 육류 섭취에 대해 많은 부분을 할애하고 있다. 이는 대부분의 사람들이 유목생활을 영위했던 시절 고기는 필수적인 음식이었기 때문으로 추정된다. 또한 꾸란에는 고기 식용을 천국의 즐거움으로 묘사하며, 심지어 채식주의를 반反이슬람적이라고 비판하고 있다(Foltz, 2006: 25,108). 일부 수피주의 무슬림들이 종교적인 이유로 채식을 하긴 했으나 이는 여러 사람의 빈축을 사는 행위였다. 이러한 종교적·문화적 배경 때문에 중동이나 유럽 지역에서 무슬림 채식주의자는 찾아보기 힘들었다.

무슬림과 육류섭취

이슬람 문화권에서 육류는 무슬림의 3대 명절인 희생제 때 특히 많이 소비된다. 무슬림은 희생제 때 이웃이나 가난한 자들에게 고기를 베풀면서 종교적 자선행위를 실천하기 때문이다. 좀 더 자세히 설명하면 이슬람교의 전통에 따라 무슬림은 큰 축제나 집안에 축하할 만한 행사가 있으면 도축을 한다. 부유한 사람은 낙타 또는 양이나 염소를, 가난한 사람은 닭이나 비둘기 등을 상징적으로 도축한다. 도축된 고기는 자신이 다 먹지 않고, 이슬람교의 방식대로 여러 사람과 함께 나눈다. 도축된 고기의 분배는 일반적인 자선행위로 간주된다.

고기는 또한 환대를 중시하는 이슬람 문화권에서 반드시 등장하는 메뉴이다. 만일 누군가를 초대했을 때 주인이 고기를 접대하지 않으면 상대방은 자신이 모욕적인 대우를 받았다고 생각한다. 이러한 종교적·문화적 분위기에서 고기를 먹지 않는 것, 즉 채식은 환영받지 못한 식습관으로 간주된다. 이쯤 하면 왜 친구의 어머니가 앞의 유럽인이 채식만 한 것에 대해 섭섭함을 드러냈는지 알 수 있을 것이다.

무슬림 채식주의자가 증가하는 이유

그런데 최근 몇 년 전부터 무슬림 채식주의자들이 조심스럽게 표면으로 등장하고 있다. 채식주의에 대한 논쟁은 이집트, 요르단, 시리아, 터키, 이란, 파키스탄, 말레이시아, 인도네시아, 그리고 미국이나 영국의 무슬림으로부터 제기되기 시작했다. 이들은 다음과 같은 논리를 펼친다. "이슬람교에서 피는 금지된 것이다. 그런데 살에서 피를 완전히 제거할 수는 없다. 그러니 고기를 금지하는 것은 당연하다"(Foltz, 2006: 111). 특히 최근 채식주의 무슬림들은 인터넷의 힘을 입어 적극적으로 의견을 피력하고 있다.

개인의 신념이 아니라 환경 때문에 채식주의자가 되는 경우도 종종 있다. 주로 비무슬림 지역으로 이주한 무슬림이 이 경우에 해당되는데, 이들은 이슬람식으로 도축된 할랄 고기를 구할 수 없기 때문에 마지못해 채식주의자가 되는 것이다. 또한 음식산업의 발달은 무슬림의 음식규정을 더욱 애매하게 하는 또 다른 변수가 되고 있다. 오늘날 아랍의 여러 국가들은 생활수준의 향상으로 고기를 많이 소비하며 지역의 소비량을 충족하기 위해 타 지역으로부터 육류를 수입한다. 그런데 이 수입육류에 대해 의심의 시선을 보내는 무슬림들이 있다. 이들은 수입육류가 과연 이슬람 방식으로 도축된 것인지, 성장호르몬을 맞지는 않았는지, 도축되기 전까지 어떤 취급을 받았는지 전혀 알 길이 없기 때문에 안전하게 채식의 길을 선택한다고 주장한다. 그 때문에 비이슬람 지역의 무슬림뿐만 아니라 이슬람 지역의 무슬림도 환경적 제약으로 채식주의의 길을 선택하는 상황이 늘고 있다.

개고기에 대한 무슬림의 생각

좀 생뚱맞은 이야기일지 모르지만 우리가 삼복더위에 기력을 보충하기 위해 먹는 개고기에 대해 무슬림은 어떻게 생각할까? 또한 이슬람 문화권에서 개에 대한 인식은 어떨까?

이슬람교에서는 개를 혐오동물로 간주한다. 이슬람교의 개 혐오문화는 이슬람교가 도래하기 이전부터 이미 아랍문화에 존재하고 있었다. 아랍인은 개(특히 검은색 개)를 악마의 화신으로 여겼고, 그래서 개는 흉조의 상징이었다. 여기에 덧붙여 사도 무함마드에 얽힌 이야기 또한 이슬람교의 개 혐오문화에 한몫을 톡톡히 하고 있다.

622년, 무함마드가 메카에서 메디나로 이주한 해이다. 당시 메카의 귀족들은 숭배하던 우상을 철폐하고 동시에 알라 앞에서 모든 인간의 평등과 형제애를 앞세우며 사회정의를 부르짖던 사도 무함마드를 눈엣가시처럼 여겼다. 유일신을 설교하던 무함마드의 종교관은 다신을 숭배하던 메카의 귀족들에게는 받아들일 수 없는 신념이었다. 유일신 사상을 허용한다는 것은 곧 메카의 귀족들에게는 여러 가지 사회적 이권을 포기해야 함을 의미했기 때문이다. 당시 메카는 아라비아 반도의 중요한 무역로였으며, 상인들은 메카의 카바 신전에 자신들이 섬기던 각종 신을 모셔다 놓았다. 메카를 오가던 무역상들은 이 지역을 오가며 카바에 안치된 자신들의 신에게 경배를 표했는데, 당시 메카의 귀족들은 이 신전을 관리하고 통행세를 받으며 막대한 부를 축적하고 있었다.

무함마드에게 도전받은 메카의 귀족들은 무함마드를 제거하려 시도했으나 그는 아내와 삼촌의 가문으로부터 보호받고 있었다. 그러나 무함마드도 메카 사람들로부터 자신을 보호해주던 사람들이 죽자 생명의 위기를 느꼈으며, 메카인들의 눈을 피해 자신을 따르던 추종자들과 함께 밤에 메카에서 메디나로 이주하는 작전을 펼쳤다. 무함마드가 몰래 메카를 뜨자 무함마드를 없애기 위한 좋은 기회를 찾던 메카 귀족들은 무함마드 일행을 쫓기 위해 사냥개를 앞세워 뒤를 추적했다. 당시 도망자였던 무함마드에게 개는 아주 위협적인 동물이었고, 이 일로 무함마드는 개를 아주 싫어하게 되었다고 한다.

개에 대한 부정적인 이미지는 오늘날까지 이슬람 문화에 그대로 남아 있다. 무슬림들은 개가 있는 집에는 천사가 들어오지 않는다고 믿고 있다. 또한 개를 불결한 짐승으로 여겨 지나가다 개와 닿았을 때는 예배를 드리지 않는다. 만일 개의 타액이 몸에 묻었을 때는 그 부분을 일곱 번 씻어낸다. 사냥개나 양치기 개를 소유한 사람이라 할지라도 개를 손으로 만지는 일은 거의 없다고 한다(Foltz, 2006: 131). 무슬림들은 개를 혐오하기 때문에 상대를 모욕하는 욕설도 개와 관련된 단어가 많다.

이러한 문화적 배경 때문에 이슬람 문화권에서는 개를 애완용으로 기르는 사람은 거의 없다. 그래서 아랍의 도시에

카이로의 거리

는 들개가 거리를 활보한다. 이들은 도시민에게 때로는 매우 위협적이며 때로는 매우 성가신 존재이다. 아랍 지역의 중심지인 이집트 카이로와 사우디아라비아 리야드에서는 한국인이 이주하면서부터 길거리를 누비던 들개가 사라지기 시작했다는 우스갯소리가 한동안 떠돌았다고 한다.

이슬람 부흥운동과 음식 민족주의

음식은 상당히 정치적이다. 음식을 통해 사람들은 자신의 종교적·계층적·민족적 정체성을 표현한다. 사람들은 음식을 통해 남과 닮

아가려는, 아니면 반대로 남과 구별되려는 자신만의 욕구를 간접적으로 표출하기 때문이다. 음식은 한 시대를 사는 사람들의 사고를 읽을 수 있는 중요한 열쇠를 제공한다. 1970년대 반서구 운동의 기반이 되었던 이슬람 부흥운동은 아랍인의 음식문화에도 복고주의를 일으켰다.

아랍인의 서구에 대한 인식과 음식 트렌드의 변화

아랍 무슬림이 선호하는 음식의 트렌드를 살펴보면 아랍인의 마음을 읽을 수 있다. 아랍 이슬람 지역이 서구의 식민지배를 받았던 20세기 초반과 중반까지 아랍인에게 서구는 동경의 대상이면서 동시에 증오의 대상이었다. 서구의 과학기술과 문물은 아랍인에게 발전모델을 제시했지만, 인본주의에 입각한 서구의 자유주의 사상은 신神 중심이던 이슬람교와 아랍사회의 전통과는 대치되었다. 지식인 사이에서 서구에 대한 문호개방과 폐쇄라는 문화적 갈등은 항상 존재했으나, 1970년대에 이슬람 근본주의 운동이 본격적으로 아랍세계에서 부활하기 전까지 상류층과 지식인들은 서구의 발전된 모델에 더 매료되었다. 상류층과 지식인들은 서구에서 유학하고 서구를 여행하면서 이들의 문물을 적극적으로 수용했다. 음식문화도 마찬가지였다. 서구음식은 엘리트의 상징이 되었으며 서구의 음식을 접한 이들은 서구의 조리법과 재료들을 적극적으로 수용했다. 서구의 농산물이 수입되었으며 보관하기 효율적인 캔과 냉동음식이 들어왔다. 또한 이들은 아랍인의 전통적인 아침식사인 아랍식 전통빵과 치즈를 크루아상과 커피로 대체했다. 서구의 식당들도 속속 아랍세계에 들어서기 시작했다.

그러나 1970년대에 '이슬람의 근본으로 돌아가자'는 모토를 내세운 원리주의 운동이 부활했고, 그 영향으로 음식문화에도 복고주의 바람이 불었다. 사람들은 자신의 근본과 뿌리를 재인식하기 위해 전통적인 음식을 다시 선호하기 시작했으며, 이는 일명 '음식 민족주의 food nationalism'로 이어졌다. 이슬람 지역의 아랍 무슬림 사이에서는 음식에서 자신의 정체성을 찾으려는 노력이 나타났으며, 각 국가는 전통음식과 조리법을 소개하고 홍보하는 데 주력했다. 많은 국가에서 아랍음식을 다루는 책이 출판되었으며, 음식 관련 TV프로그램이 다양하게 편성되었다. 복고주의의 영향으로 1980년대 이후부터 출판된 요리책에서는 서구의 음식을 다루는 대신 자국의 전통음식 홍보에 주력했다.

음식 민족주의는 2000년대에 들어 위성TV와 인터넷의 영향으로 더욱 가속화되었다. 흥미로운 것은 세계화의 흐름에 편승한 아랍국가에서도 서구의 음식을 상대로 경쟁력을 갖추기 위해 자신들의 전통 음식을 세련되고 고급스럽게 변화시키는 전략을 선택했다는 것이다. 그 결과 아랍 지역에서도 과거와 달리 현대적이고 화려한 인테리어로 장식한 전통음식점이 도시 지역 곳곳에 들어서고 있다. 세련된 음식점의 등장으로 아랍인의 초대문화도 서서히 변하기 시작했다. 아랍인은 전통적으로 식당보다는 집에서 손님을 맞이하는 것을 진정한 환대의 표현으로 여겼다. 그러나 이제는 식당도 손님을 초대하는 훌륭한 장소로

쇼핑몰 안의 고급 식당에서 식사를 즐기는 아랍인들

떠오르고 있다.

한 가지 주목할 만한 것은, 비록 음식 민족주의의 바람으로 현대에 아랍 지역의 각 국가에서 전통음식이 부활했으나 사실상 전통음식과 현대음식, 자국 음식과 타 문화 음식 간의 경계가 매우 모호하다는 것이다. 이는 역사적으로 아랍의 각 국가들이 안으로는 이슬람 제국의 틀 안에서 중앙아시아부터 북아프리카를 가로지르는 각 지역과, 밖으로는 서구와 인도를 포함한 타 문화와 끊임없이 교류를 했기 때문이다.

아랍인의 입맛이 다양해지다

오늘날 세계화의 물결 속에 아랍인의 음식문화는 더욱 풍성해졌다. 아랍인은 이제 입맛을 서구의 음식에만 길들이지 않는다. 최근 아랍 지역에 경쟁적으로 들어서는 쇼핑몰에는 타 민족의 음식점들이 속속 문을 열고 있다. 대표적인 것이 중국, 일본, 한국 음식점으로, 이들은 독특한 맛과 세련되고 이국적인 메뉴를 내세워 아랍인의 입맛을 사로잡고 있다.

전통적으로 아랍인은 달고 짜고 기름진 음식을 선호해왔다. 자극적인 음식을 선호하는 아랍인의 식습관 때문에 당뇨와 고혈압이 국민적인 질병으로 알려질 정도로 만연해 있다. 이러한 식습관 문제를 극복하기 위해 아랍인도 식탁을 가볍게 하려는 노력을 하고 있다. 아랍 지역에서도 설탕과 지방 섭취가 감소하기 시작했으며 붉은 살 생선과 고기는 흰 살 생선과 닭고기로 대체되고 있다. 또한 지방을 분해한다고 알려진 녹차의 소비가 현격히 증가하는 추세이다. 타 민족 음식 중 특히 스시 등 일본음식의 소비가 증가하는 것도 이러한 추세를 반영한다.

소수종파의 음식문화 I
시아 무슬림과 음식문화

종교는 한 집단의 음식문화에도 많은 영향을 미친다. 이슬람 문화권에서는 종파에 따라서도 음식문화가 차별화된다. 이슬람교의 종파는 크게 수니파, 시아파, 그 밖의 소수종파로 분류된다. 수니 무슬림은 전체 무슬림 인구의 약 85~90%를, 시아 무슬림은 약 10~15%를 구성한다. 수니 무슬림은 대부분 이슬람 지역 전역에 분포하는 반면 시아 무슬림은 비아랍국가인 이란을 제외하면 아랍세계에서는 주로 산유국에 분포해 있다. 바레인, 이라크, 레바논에 다수가 거주하며 쿠웨이트, 사우디아라비아, 오만에도 소수가 분포되어 있다.

종종 무슬림의 전통이 곧 수니의 전통인 것으로 인식되지만, 실제로 수니 무슬림과 시아 무슬림은 서로 상당히 다르다. 이들은 전통이나 관습뿐만 아니라 이슬람 역사와 신학에 대한 인식도 서로 다르다. 문화의 뿌리도 서로 다른 곳에서 찾고 있다. 수니 무슬림이 아랍문화에 더 친밀감을 나타내는 반면 시아 무슬림은 페르시아 문화에서 전통을 찾는다. 그런데 수니파에 속하건 시아파에 속하건 무슬림의 음식문화는 역사적으로 서로 교류를 하면서 살았기 때문에 상당히 비슷하다. 차이점이라면 수니와 시아 무슬림이 서로 기념하는 이슬람교의 기념일과 그 기념 방식에 다소 차이가 있다는 것이다.

수니와 시아의 분쟁

수니와 시아 무슬림이 갈리게 된 역사적 배경은 예언자 무함마드 사망 이후 칼리프직 승계에 대한 논쟁에서 비롯된다. 후계자를 둘러싼 두 종파 간 가장 큰 견해차는 지도자 추대 시 혈통을 따를 것인가 아니면 부족의 전통인 선출제를 따를 것인가였다. 대부분의 무슬림이 당시 부족의 전통이었던 선출제를 지지했다. 그러나 일부 무슬림은 예언자의 혈통인 — 사도 무함마드의 사촌이자 사위 — 알리와 그 후손만이 칼리프직을 승계해야 한다고 주장했다. 이들은 예언자의 혈통만이 진정한 이슬람 공동체인 움마ummah의 지도자가 되어야 타당하다고 보았으며, 이들은 후에 '알리를 추종하는 사람들'을 뜻하는 시아 무슬림으로 분리되었다.

시아 무슬림이 혈통을 중시하는 이유는 수니 무슬림과 달리 사도 무함마드에게 신성을 부여하기 때문이다. 시아 무슬림은 그를 죄가 없는 완전한 인간으로 이해하고 특별한 영력을 지니고 있다고 믿는다. 시아 무슬림은 사도 무함마드의 신성을 겸비한 초인적인 능력은 그 후손에게 이어진다고 믿기 때문에 그의 가족에게도 신성을 부여한다. 이러한 맥락에서 시아 무슬림은 이슬람 공동체를 이끌 진정한 리더십을 무함마드의 혈통에서 찾는다. 따라서 사도 무함마드의 사촌이자 그의 딸과 결혼한 알리, 그리고 그의 후손만을 진정한 이슬람교의 지도자로 인정한다. 이렇게 역사관과 종교관, 문화가 다른 수니와 시아 무슬림의 관계는 서로 반목과 갈등으로 점철되어 있다.

시아 무슬림의 기념일과 음식

수니 무슬림과 달리 시아 무슬림이 주로 기념하는 종교행사는 이슬람력 첫 달 10일 아슈라Ashurah라고 하는 날과 아슈라 40일 이후에 기념하는 아르바인arba'in, 그리고 사도 무함마드의 탄생일인 마우리드 알 - 나비mawlid al-nabi라는 행사가 있다. 아슈라는 아랍어로 10을 의미한다. 이날은 이슬람력으로 무하람muharram이라 부르는 신년 정월 10일에 해당한다. 아슈라 때 시아 무슬림은 수니 무슬림과의 전쟁에서 처참하게 죽은 자신들의 성인인 이맘 후세인을 기린다. 그리고 숫자 40을 의미하는 아르바인은 수니 무슬림에게 고문을 받다 죽은 이맘 후세인의 자녀와 아내 그리고 여타 시아 무슬림의 성인들을 추모하는 날이다.

시아 무슬림을 이해하기 위해서는 수니와 시아 무슬림이 서로 등을 지게 된 결정적인 전투인 카르발라와 이를 추모하는 아슈라를 이해해야 한다. 7세기 우마이야 왕조661-750의 건립 시기로 거슬러 올라가 보자.

우마이야 왕조는 무함마드 사후 그의 교우와 친척이었던 아부 바크르·오마르·오스만·알리 네 명의 칼리프 시대가 끝난 후 등장한 이슬람 제국이다. 우마이야 제국은 이 중 제3대 칼리프 오스만의 6촌인 무아위야라는 사람이 세운 이슬람 제국이다. 그는 제4대 칼리프 알리가 살해되던 해 공동체의 만장일치로 칼리프로 인정받았다. 그런데 당시 알리를 추종하던 사람들은 무아위야에 꽤 불만이 많았다. 이들은 진정한 이슬람교의 후계자는 사도 무함마드의 혈통을 승계한 사람이어야 한다고 주장했다. 즉, 이들은 무함마드의 사촌이자 사위인 알리의

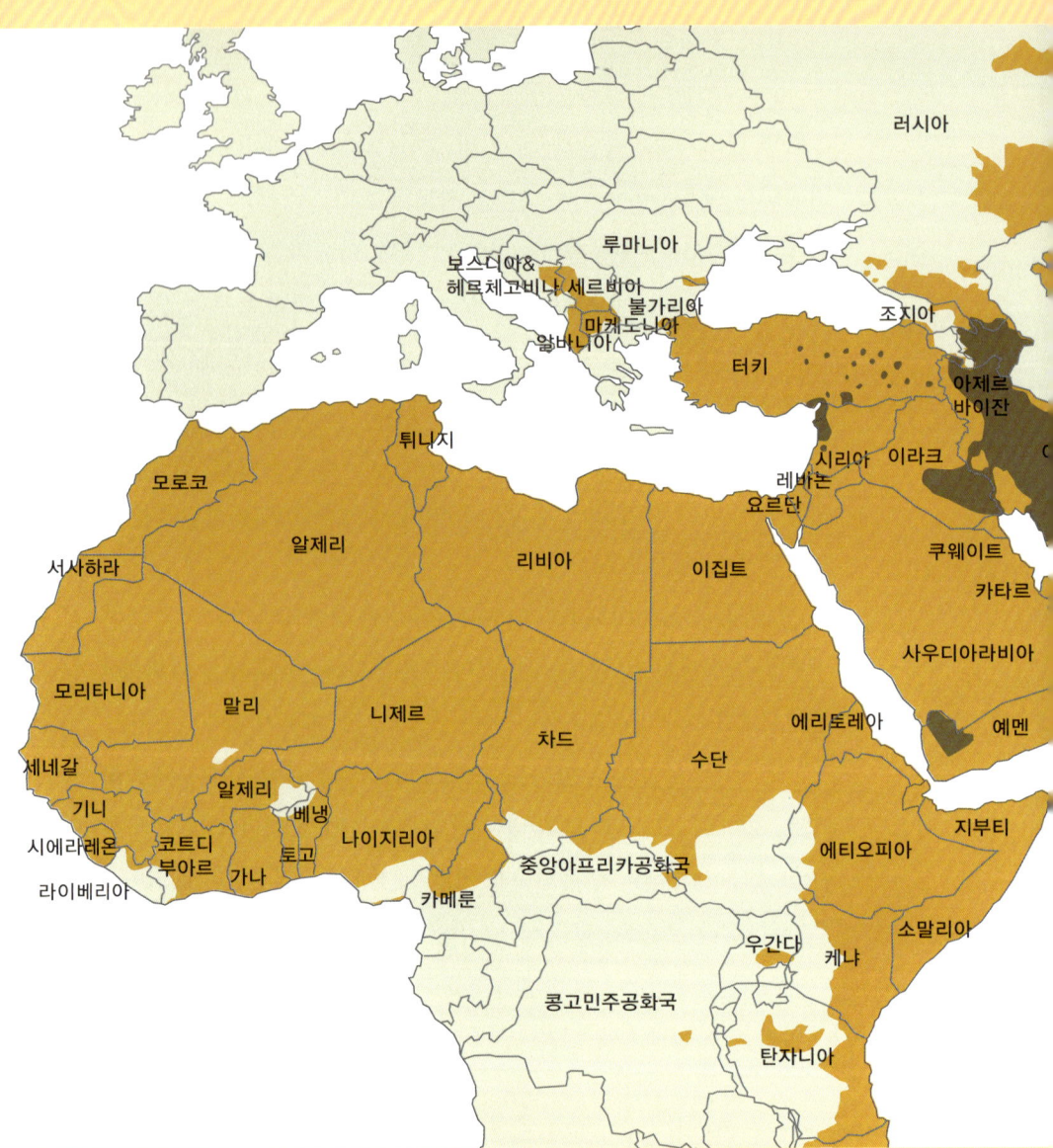

이슬람 지역 지도
수니분포지역과 시아분포지역

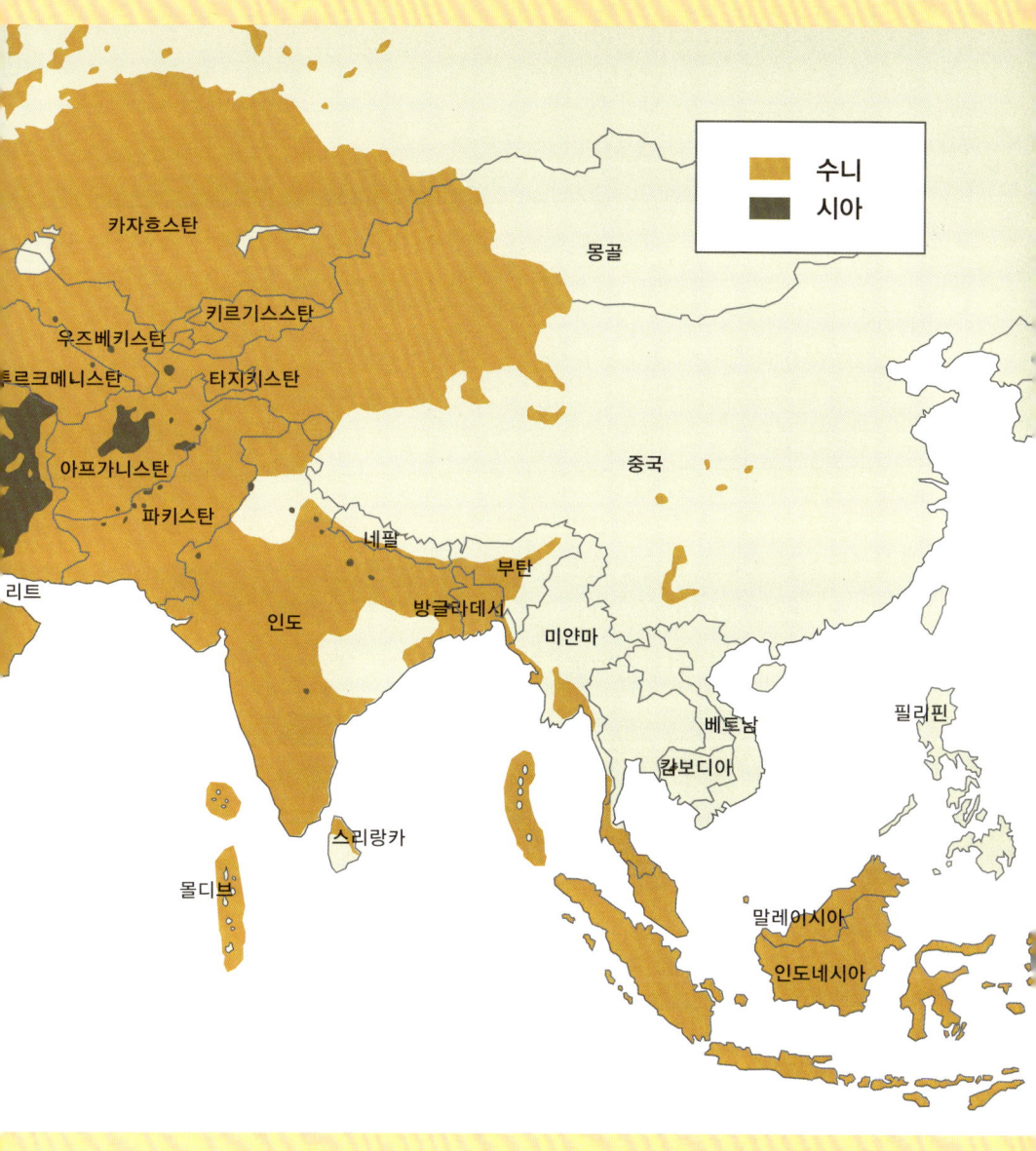

후손만이 칼리프에 등극하는 것이 옳은 이치라고 본 것이다. 그래서 알리의 추종자들은 칼리프직을 알리의 가문에게 되돌려주기 위한 운동을 벌였고 이들이 시아파 무슬림의 기원이 된다.

칼리프직을 놓고 알리의 추종세력과 무아위야의 지지세력 간에 갈등은 점점 거세져, 680년 카르발라 전투에서 그 갈등이 극에 달한다. 알리의 후손을 따르던 무슬림은 무아위야가 칼리프직을 유지하기 위해 알리의 큰아들인 이맘 하산을 독살했다고 주장했다. 그래서 시아 무슬림은 그의 동생 후세인을 앞세워 이라크의 쿠파 근처에 위치한 도시인 카르발라에서 반란을 일으켰다. 불행히 이들의 반란은 실패로 돌아갔고 하산과 그의 추종자들은 무아위야에 의해 잔혹하게 살해되었다. 이후 알리와 그의 후손을 따르던 무슬림은 카르발라 전투의 참패를 아슈라라는 행사를 통해 기억하고 있다. 이런 이유 때문에 카르발라는 시아 무슬림에게는 메카와 메디나 이외에 최고의 성지로 간주된다. 그래서 매년 아슈라 날이 되면 시아 무슬림은 이곳에 집결해 자신들만의 독특한 방식으로 아슈라를 기억한다.

시아 무슬림이 아슈라를 기념하는 방식은 꽤 잔인하다. 이들은 이맘 후세인을 보호하지 못한 것에 대한 자책감으로 길거리 행진을 하면서 자신을 자해한다. 어떤 이는 큰 소리로 곡을 하거나 자신의 옷을 찢기도 하고 자신의 뺨을 때리기도 한다. 심지어 채찍으로 자신의 머리와 등을 때려 생채기를 내는 사람도 있다.

길거리 행진 이외에도 시아 무슬림은 디와니야라는 모임에서 이맘 후세인의 순교와 관련된 연극을 상연하거나 이맘의 글을 낭송하기도

카르발라의 시아 무슬림 여성

한다. 아슈라 날 시아 무슬림은 다양한 행사를 준비하면서 역사를 통해 뼈저리게 경험한 거절과 패배를 다시 한 번 기억한다. 간혹 감정이 심해지면 수니 정부에 대항해 반정부 시위를 행하기도 하는데, 실제로 아슈라 행사의 위협성 때문에 일부 수니 무슬림 정권하에서는 아슈라 날 행사가 금지되기도 했다.

카르발라 전투에 대한 서로 다른 역사적 해석 때문에 수니 무슬림과 시아 무슬림은 아슈라를 서로 다른 형태로 기념한다. 수니 무슬림은 이날 금식을 행하며(의무적이진 않다) 금식이 끝나면 이웃과 함께 단 음식을 나누어 먹으며 서로 기쁨을 나눈다. 특히 북아프리카의 경우 아슈라는 카니발과 같은 축제로 간주되어 아이들은 이날 과자나 사탕을 얻으러 다닌다. 반면 시아 무슬림은 다양한 행사를 통해 이날 자신들의 가슴에 맺힌 한을 푼다. 수니 무슬림과 마찬가지로 시아 무슬림은 아슈라 날 금식을 행하고, 금식을 깨는 시간에 간단한 음식과 물을 이웃과 친지와 나누어 마신다.

결국 수니 무슬림이 종교행사에서 기쁨과 축하를 표현하기 위해 풍성하고 달콤한 음식을 장만하며 이웃 친지들과 축제의 분위기를 즐기는 반면, 시아 무슬림은 슬픔과 애도를 표현하기 위해 비교적 소박한 음식과 물만을 준비해 서로 나누어 먹는 것이다. 시아 무슬림의 종교행사에 수반되는 소박한 종교음식은 이들이 추종하던 4대 칼리프 알리의 암살과 지도자를 잃어 소수파로 전락한 시아파의 참담한 역사적 배경을 잘 말해주고 있다.

소수종파의 음식문화 II
아랍 유대인과 기독교인의 음식문화

아랍 이슬람 지역에 거주하는 사람은 대부분 무슬림이다. 하지만 소수 아랍 유대인과 기독교인도 같이 살고 있다. 그렇다면 이들의 음식문화는 어떨까?

아랍 유대인의 음식문화

아랍 유대인의 음식문화는 무슬림의 음식문화와 상당 부분 일치한다. 이슬람교가 태동하기 전에는 아랍인들은 유대인과 이웃하며 살았다. 이후 이슬람교가 태동하자 무슬림은 자신들과 함께 이웃으로 살아온 유대인의 음식규정을 상당 부분 그대로 들여왔다. 그래서 무슬림은 유대인의 음식은 먹어도 되는 할랄 음식으로 간주한다. 유대인의 율법에 따라 준비된 유대인이 먹을 수 있는 음식을 코셔kosher, 금지된 음식을 테레파terefah라고 부르는데, 모두 토라torah라는 구약에 명시된 것을 율법화한 것이다.

우리는 할랄 음식만 먹어야 하는 무슬림의 음식규정을 상당히 까다롭다고 생각하는데, 실제로 유대인의 음식규정은 무슬림의 음식규정에 비해 더욱 까다롭다. 유대인의 율법인 토라는 특정 음식과 식품의 섭취를 금하는데 여기에는 돼지, 토끼, 연체동물, 갑각류, 비늘 없는 생선이 포함된다. 유대인의 음식규정 중 가장 중요한 것은 동물의 피를 먹지 말 것과 고기와 유제품을 같이 먹어서는 안 된다는 것이다. 그래서 유대인은 찬물에 수 시간 동안 담가놓아 피를 제거한 고기만을 요리해서 먹는다.

고기와 유제품에 관련된 규정은 "새끼 염소를 그 어미의 젖에 삶지 말라"는 유대교의 교훈에서 비롯된 것이다. 고기와 유제품의 섭취시간에 대한 간격은 지역마다 다르다. 고기를 먹은 후 유제품을 먹으려면 동유럽인은 약 6시간, 독일인은 3시간, 네덜란드 유대인은 약 1시간의 간격을 둔다. 반면 우유나 유제품 섭취 후에는 입을 물로 헹구거나 빵을 먹은 뒤 고기를 바로 먹을 수 있다(Roden, 2008: 20).

　유대인의 이러한 음식규정 때문에 이스라엘의 맥도널드에서는 치즈버거를 팔지 않는다. 또한 유대인은 고기를 구울 때 버터나 버터기름 대신 올리브기름을 사용하며, 이라크나 이집트의 유대인은 참기름을 사용한다. 참기름은 요리할 때 냄새가 강하기 때문에 이를 싫어하는 사람들은 유대인이나 유대음식을 부정적으로 생각하기도 한다.

　유대인이 가장 크게 기념하는 명절 중 하나는 유월절^{파스카 혹은 passover}이다. 이날은 유대인이 이집트를 탈출한 것을 기념하는 날로 밀, 호밀, 귀리, 보리, 소맥 등 곡물을 섭취하지 않는다.

　유대인의 위생관념은 철저하다. 14세기 유럽에 흑사병이 퍼져 인구의 3분의 1이 목숨을 잃었을 때 유대인은 식전 세정의 전통 덕에 많은 수가 목숨을 부지할 수 있었다. 당시는 인류에게 아직 위생에 대한 개념이 없던 시기였고 유럽인은 목욕을 자주 하지 않았다. 그러나 유대인은 어려서부터 가정에서 세정과 위생에 대해 철저히 교육을 받아서 바이러스와 세균에 대한 저항력을 기를 수 있었다.

　유대인의 위생관념은 음식뿐 아니라 음식을 담는 용기에도 나타난다. 유대인은 냄비와 접시, 식기를 보통 세 세트는 가지고 있다. 이 중 한 세트는 고기요리용, 다른 하나는 유제품용, 또 하나는 유월절용으로 사용한다. 그릇을 사용하기 전에는 끓는 물에 한 번 씻어내고 그다음 흐르는 찬물에 헹구어낸다. 만일 실수로 그릇을 섞어 사용했을 경우 다시 구입하는 사람도 있다.

　무슬림과 마찬가지로 유대인도 음식을 만들기 전에 항상 신에게 감사 기도를 한다. 유대인의 관습 중 특징적인 것은 안식일인 사바트 *sabbath*를 지키는 것이다. 사바트는 금요일 일몰 18분 전에 시작해 다음 날 저녁까지이다. 이 시간 동안 유대인 주부들은 절대 요리를 하지 않는다. 요리하는 것도 하나의 노동으로 간주되기 때문이다. 그래서 유대인 여성들은 안식일에 섭취할 음식은 미리 만들어놓는데, 주로 식은 상태에서도 먹기 좋은 것으로 준비한다.

우리에게 가장 친숙한 유대음식은 베이글이다. 베이글의 역사는 2,000년 정도 되었으며 제빵방식이 독특하다. 이스트, 물, 소금만 넣은 밀가루 반죽을 두 번 발효시킨 뒤 끓는 물 90℃에 넣고 1~2분 정도 앞뒤로 데쳐 오븐에서 구워내면 쫄깃하고 담백한 베이글을 즐길 수 있다. 유대인에게 베이글은 영생을 상징한다. 둥근 모양의 베이글은 그 시작과 끝을 알 수 없기 때문이다. 유대인은 고대부터 고리 모양의 원이 악귀를 쫓고 행운을 가져다준다고 믿었다고 한다. 이런 이유 때문에 유대인의 할례의식, 여성이 해산의 진통을 겪을 때, 그리고 장례식장 등에서 베이글을 삶은 달걀과 함께 먹었다고 한다(Roden, 2008: 100). 베이글은 19세기 미국으로 건너간 유대인들에 의해 널리 알려져 오늘날에는 커피와 함께 뉴요커를 상징하게 되었다.

아랍 기독교인의 음식문화

아랍 무슬림과 유대인이 비교적 전통이 유사한 반면 아랍 기독교인은 교리, 신념과 실천 면에서 지역에 따라 다양하게 나타난다. 아랍 지역 기독교인은 이집트의 콥트 기독교인, 레바논의 마론파 기독교인, 시리아와 터키의 동방정교 기독교인, 이라크의 아시리안 기독교인, 아르메니안 기독교인 들이다. 이들은 무슬림과 유대인처럼 특별한 음식 규정을 따르기보다 대체로 그들이 거주하는 지역의 음식규정을 따른다.

무슬림의 음식규정과 가장 크게 구분되는 아랍 기독교인의 음식문화는 돼지고기와 술을 섭취할 수 있다는 것이다. 따라서 무슬림과 달리 기독교인은 음식, 디저트, 단 과자류에 와인을 섞어 조리하기도 한다. 또한 아랍 지역 기독교인의 특

베이글

징은 무슬림에 비해 유럽의 음식문화 수용에 더 적극적이라는 것이다. 이들은 아랍의 무슬림보다 유럽의 기독교인에게 문화적·종교적 공감대를 더 많이 형성하고 있기 때문이다. 그래서 아랍의 기독교인은 십자군 전쟁 당시에도 유럽 기독교인과 접촉을 많이 했으며, 근대에 들

어 유럽이 아랍 지역을 식민지화했을 때도 친親서구적 태도를 보이며 그들의 음식문화 수용에 적극적이었다. 아랍 기독교인이 가장 크게 기념하는 종교일로는 부활절과 크리스마스가 있다.

2

이방인의 시선으로 본 아랍인의 음식문화

아 랍 식 탁 이 야 기 II

식탁에서 나는 '꿀꿀꿀' 소리

아랍인은 손님 초대를 좋아한다. 아랍 친구의 초대를 받아 처음 집을 방문했을 때 신기했던 한 가지는, 식탁에 앉으니 친구들이 계속 필자를 보며 '꿀꿀꿀' 소리를 내는 것이었다. 아니, 왜 친구들이 식탁에서 돼지 소리를 내는 걸까?

그러나 기분 나빠할 것은 없다. 아랍어로 '쿨*kul*'은 '먹다'의 명령어이다. 그래서 아랍인의 식탁에 앉으면 "어서 드세요"의 아랍어 표현인 "쿨, 타파달*please*"이라는 말을 가장 많이 듣게 된다.

그 외에 아랍 친구의 집에 놀러 가면 어김없이 듣는 말로 "바이티 바이티카*bayti baytika!*"가 있다. 이는 "내 집이 곧 당신 집"이니 편하게 머물라는 말이다.

이슬람교 교리에서는 과식을 경계하며 포만감을 느끼기 전까지만 먹는 것을 권장하지만, 현실에서는 과식이 흔하게 일어난다. 특히 손님을 초대했을 때 아랍인은 음식을 아주 풍성하게 차리고, 손님에게 이를 몇 번씩 권한다. 이는 아랍 무슬림이 전통적으로 환대문화를 미풍양속으로 하기 때문이다. 손님에게 극진히 베푸는 것이 자신의 관대함을 보여주고 명예를 높일 수 있다고 여기는 것이다. 그뿐 아니라 손님 접대를 융숭하게 하는 것을 통해 이웃에게 자신의 체면도 유지할 수 있다. 그들이 음식을 권하는 성의를 거절하지 못하여 계속 먹는다면 결국 화장실에서 그날을 끝맺게 된다.

아랍인의 일상음식

우리와 마찬가지로 아랍 지역 무슬림의 일상음식은 하루 세 끼로 되어 있는데, 이 세 끼 식사에서도 문화적 규칙을 발견할 수 있다. 아랍 지역은 약 두 달간의 겨울을 제외하면 날씨가 매우 덥다. 여름엔 기온이 섭씨 40도에서 50도까지 올라, 도로 위에 날계란을 깨놓으면 3분 만에 익을 지경이다. 그래서 아랍인의 생활패턴은 우리와 다르다. 한낮의 더위를 피하기 위해 학교건 회사건 등교나 출근 시간이 상당히 이르다. 아침 8시면 하루의 일과가 공식적으로 시작된다. 일찍 시작하는 대신 오후 2시에서 3시면 일과가 끝난다. 귀가를 하면 점심을 먹고 한숨 잔다. 그리고 해가 저물 저녁때부터 다시 일상을 시작한다.

이러한 생활패턴에 맞추기 위해 아랍인은 일상생활에서 어떻게 식사를 할까? 물론 각 끼니마다 식탁에 오르는 메뉴는 경제력, 거주 지역의 음식문화, 사회적 지위에 따라 다양하지만, 일반적으로 아침과 저녁은 소박하고 간단하게, 점심은 무겁고 풍성하게 먹는 것이 특징이다.

간단한 아침식사

아랍인은 일반적으로 아침에는 빵과 유제품, 차와 잼 등으로 간단하게 식사를 한다. 이 중 유제품은 그 기원이 중동인 만큼 우리의 김치와 마찬가지로 아랍 무슬림의 식탁에서 빠질 수 없는 중요한 품목이다. 우리가 먹는 김치의 종류가 다양하듯 무슬림이 먹는 유제품도 걸쭉한 정도에 따라 종류가 다양하다.

아랍 무슬림이 아침에 주로 먹는 것은 패스트리류 또는 '아이슈'라고 부르는 전통적

전통 아랍식 빵에 치즈를 넣어 구운 간단한 아침식사

인 납작한 빵이다. 빵 사이에 치즈를 끼워서 먹기도 하고 훔머스 *hummus*라는 콩으로 만든 퓨레에 빵을 찍어 먹기도 한다. 전통 식단 대신 서구식으로 아침을 해결하는 사람도 있는데, 크루아상에 커피를 주로 먹는다. 그러나 육체노동을 하는 사람은 길거리 음식의 대명사인 '따아미야 *ta'amiyah*'를 주로 먹는다. 따아미야의 주재료는 콩으로 값도 싸고 영양가도 높기 때문에 서민들의 대표적인 요깃거리로 사랑받는다. 그 생김새는 우리의 동그랑땡과 비슷한데, 아랍의 전통빵 사이에 약간의 야채와 소스를 같이 끼워서 샌드위치 형식으로 먹는다. 따아미야는 기름에 튀겼기 때문에 점심식사 시간 전까지 꽤 든든하게 버틸 수 있다. 아침식사는 출근 전 7시나 그 전쯤 하거나 아예 늦은 시간인 출근 후 11시경에, 주로 차 혹은 네스카페라 부르는 우유와 설탕을 듬뿍 넣은 커피와 함께 먹는다.

재미있는 크루아상의 역사

크루아상은 프랑스어로 초승달이라는 뜻이다. 이 초승달 모양의 크루아상은 한국에는 1988년 서울 올림픽 때 본격적으로 소개되기 시작했다. 겉은 바삭하고 안은 부드러운 촉감의 크루아상은 그 고소하고 짭짤한 맛 때문에 우리 국민에게도 사랑을 받고 있다. 크루아상의 기원을 되짚으면 오스만투르크 시대까지 올라간다. 게다가 그 역사는 무슬림과 상당히 인연이 깊다.

크루아상의 탄생에 얽힌 이야기는 종류가 여러 가지인데 그중 하나를 살펴보자. 중세 이슬람 제국을 이끌던 오스만투르크는 유럽보다 군사적·경제적·문화적으로 우위에 있었다. 기세가 막강했던 무슬림들은 유럽까지 세력을 확장하려 북진정책을 펼쳤고, 오스트리아의 빈까지 진출했다. 당시 성안에서 무슬림의 공격을 막던 유럽인들은 적의 상징인 초승달 모양으로 빵을 빚어 이를 씹어 먹으며 전의를 다졌고 무슬림을 격파했다고 한다.

아랍의 빵집에서 파는 초승달 모양의 크루아상과 패스트리

다른 종류의 이야기에서는 무슬림의 공격을 막아낸 빈 시민이 적군의 깃발에 그려진 이슬람교의 상징인 초승달을 빵 모양으로 빚어 승리의 기쁨을 나누었다고도 한다.

그 진위야 어떻건 훗날 이 빵은 프랑스로 시집가 루이 16세의 부인이 된 마리 앙투와네트에 의해 프랑스로 전해졌으며 오늘날 세계인의 사랑을 한 몸에 받는 빵으로 탄생했다고 한다. 이러한 역사적 배경 때문에, 터키인에게 크루아상을 권하면 그리 유쾌해지지는 않을 것 같다.

아랍인의 점심과 저녁식사

아랍인의 점심식사 시간은 우리보다 훨씬 늦은 오후 2시에서 4시 사이에 주로 이루어진다. 이 시간은 보통 업무가 끝나는 시간으로 온 가족이 함께 모일 수 있는 때이다. 손님 초대도 하루의 주 식사시간 때인 점심시간에 많이 이루어진다. 그래서 점심 메뉴는 종류나 양 면에서 풍성한 것이 특징이다. 특히 손님 접대 시에는 코스 요리가 진행되는데, 일반적으로 샐러드와 수프, 주요리와 디저트로 구성된다. 오늘날 무슬림의 음식도 일부 '코스'화가 되었으나, 전통적으로 아랍인이 식사 때 먹던 음식은 코스 요리가 아니라 한국처럼 한 상에 모든 음식을 다 같이 차려놓고 먹는 형태였다. 샐러드는 갖가지 푸성귀를 넣어 레몬과 소금, 후추로 간을 하며 주요리는 쇠고기, 닭고기, 양고기 또는 생선 등을 오븐에 구워서 밥이나 빵과 함께 내놓는다.

일상생활에서의 식사

아랍인의 디저트는 매우 달다. 아니, 디저트뿐만 아니라 음식 자체가 아주 짜거나 달다. 음식의 간이 강한 이유는 기후의 영향이 크다. 중동의 더운 지방에서 사람들은 수분을 많이 빼앗기기 때문에 간이 강한 음식을 통해 소모된 염분을 보충할 수 있다. 디저트도 당도가 매우 높다. 단것을 잘 못 먹는 사람의 경우 아랍인이 디저트로 많이 먹는 아랍 전통과자, 케이크, 쿠키, 푸딩 등을 먹으면 그 단맛에 몸이 배배 꼬일 정도이다. 코스 요리의 끝은 디저트 혹은 견과류가 들어가 있는 말린 과일과 커피, 혹은 박하 잎이 들어간 차이다.

아랍인들은 점심을 무겁게 먹기 때문에 저녁식사를 가볍게 하는 편이다. 보통 잠자리에 들기 바로 전인 밤 9시에서 11시 사이에 많이 먹는다. 그런데 오늘날에는 생활패턴의 변화로 저녁식사의 비중이 점점 커지고 있으며 손님 초대도 점심 대신 저녁때 많이 하는 경향이 있다. 일반적으로 가볍게 먹는 저녁식사에는 아이슈, 우유, 라반, 치즈, 계란 등이 포함된다.

아랍인의 간식

우리는 간식으로 길거리 음식의 대명사인 떡볶이, 김밥, 라면, 순대 등을 즐겨 먹지만 아랍인들은 샤와르마*shaawarmah*, 따아미야, 풀*fuul* 등을 먹는다. 샤와르마는 긴 쇠꼬챙이에 겹겹이 펜 닭고기나 양고기를 불판에서 빙글빙글 돌려가며 구워낸 것을 아랍 전통빵에 넣고 그 위에 야채와 약간의 소스를 더해 만 것이다. 따아미야는 콩을 주요리로 동그란 완자 모양의 튀김을 역시 아랍 전통빵 사이에 넣고 야채와 소스를 덧발라 샌드위치 형태로 먹는 것이고, 풀은 양념한 콩을 빵에 넣거나 찍어 먹는 것이다.

또한 아랍인들은 전통적으로 견과류를 간식으로 즐겨 먹었다. 아

아랍의 대표적인 길거리 음식 샤와르마(위)와
따아미야 파는 모습(아래)

이집트인들이 간식으로 먹는 옥수수구이

랍 지역의 대표적 견과류인 아몬드는 이슬람교 도래 이전부터 아랍 지역에서 많이 소비되었다. 아몬드는 아름다움을 상징한다. 특히 늦봄에 수확하는 초록 아몬드는 대중적인 간식이다. 체스넛은 중동 지역 중 덜 더운 산악 지역에서 재배되며 주로 겨울철 간식으로 애용된다. 헤이즐넛 역시 많이 소비되는 간식이며, 잣은 값이 비싸기 때문에 주로 음식 재료로 사용된다. 또한 피스타치오도 커피와 차와 함께 먹는 아랍인의 대표적인 간식거리이다. 이 밖에 견과류는 아니지만 아랍 서민이 선호하는 간식으로는 값이 싼 호박씨, 수박씨, 해바라기씨 등이 있다. 주로 차나 커피와 함께 먹으며 윗니와 아랫니를 이용해 껍질을 벗겨 먹는다. 아랍의 길거리는 사람들이 씨앗껍질을 아무 곳이나 뱉어대는 바람에 무지하게 지저분하다. 아쉬운 것은 이처럼 건강에 좋은 전통적인 간식거리가 오늘날에는 치킨, 피자, 햄버거, 팝콘 등 서구의 패스트푸드로 대체되어 아랍인의 비만을 더욱 부추기고 있다는 점이다.

브런치 문화

한국에서는 몇 년 전부터 여성들을 중심으로 브런치 문화가 붐을 이루기 시작했다. 이는 아랍 지역도 마찬가지이다. 우리와 마찬가지로 남편을 출근시키고 아이들을 등교시킨 여성들 사이에서 브런치 문화가 인기다. 이는 새로 생긴 문화라기보다 전통의 부활로 볼 수 있다. 여성들 사이에는 전통적으로 오전 중에 삼삼오오 이웃집에 모여 커피를 함께 나누어 마시던 관습이 있었다. 이때 여성들은 전날 남은 음식을 싸 가지고 이웃집을 방문했다. 여성들은 서로 음식과 커피를 나누어 마시며 다양한 이야기를 한다. 일상생활 속의 사소한 담화를 통해 공적 영역으로부터 소외된 여성들도 남성들 못지않은 정보력을 공유할 수 있었다.

오늘날 현대의 옷을 입고 브런치 문화가 아주 세련되게 재탄생했다. 외식업 발달 덕에 아랍 여성들은 집에서 주로 이루어지던 전통적인 브런치 형태에서 벗어나 스타벅스와 같은 커피숍이나 쇼핑몰 안의 고급 식당에서 우아한 브런치를 즐기고 있다.

아랍 지역의 커피빈과 스타벅스

아랍인의 축제음식

아랍 무슬림이 기념하는 축제에는 어떤 것이 있을까? 또 이들이 축제 때 먹는 음식에는 어떤 것이 있을까? 결혼과 출생과 같은 통과의례 이외에 무슬림이 기념하는 축제는 대체적으로 이슬람교의 종교행사와 관련 있다. 아랍 무슬림이 1년 중 가장 크게 기념하는 이슬람교의 축제에는 두 번의 이드, 그리고 특히 시아 무슬림 사이에서 주로 기념되는 무함마드 탄생일이 있다.

이드

아랍 무슬림의 대표적인 축제로는 이슬람력 12월인 순례의 달에 메카로의 순례를 마친 후 3일 동안 기념하는 이드 알-아드하 'iyd al-adha: 희생제, 라마단 기간이 끝난 뒤에 3일 동안 기념하는 이드 알-피뜨르단식종료제, 그리고 무함마드 탄생일인 마우리드 알-나비가 있다. 이 중 무슬림은 이드 알-아드하를 큰 명절로, 이드 알-피뜨르는 작은 명절로 부른다.

3일 동안 무슬림이 축제를 기념하는 가장 전통적인 방식은 짐승을 이슬람식으로 도축해 하느님께 제물로 바치고 그 나머지는 이웃과 함께 나누어 먹는 것이다. 즉, 아랍 무슬림은 이슬람교의 관습에 따라 도

도축된 소를 파는 정육점

축된 짐승의 3분의 1은 자신이 취하며, 1/3은 이웃들과 나누어 먹고, 나머지 3분의 1은 가난한 사람들에게 기부한다.

  무슬림의 이드가 다가오면 아랍 지역에 사는 동물 중에서 양이 가장 많이 도축장으로 끌려가는 신세가 된다. 앞서 언급한 대로 무슬림이 양을 신성한 동물로 취급하는 데에는 아브라함에 얽힌 전설이 있다. 아브라함이 자신의 아들을 하느님께 제물로 바치려는 순간 하느님이 양을 대신 제물로 바칠 것을 명하셨단다. 그러나 모든 사람이 양을 도축할 수는 없는 노릇이다. 이 시기가 되면 양 값이 천정부지로 치솟기 때문이다. 형편이 어려워 도축할 양을 마련할 수 없으면 양 대신 닭이나 비둘기를 도축한다. 반면 넉넉한 사람들은 양보다 값나가는 소나 낙타를 도축하기도 한다.

이드 때 도축을 행하는 무슬림의 관습 때문에 이때만 되면 거리에 피비린내가 진동한다. 도축은 개인이 할 수도 있으며 도축 전문가에게 맡기기도 한다. 일부 지역에서는 도축된 동물의 피가 악귀 예방에 효력이 있다는 믿음 때문에 엘리베이터, 집 앞, 자신의 차 등 온 곳에 피를 뿌리기도 한다. 한 해 동안 일어날지도 모를 불운에 대한 액막이용이다.

개인적인 도축이 아무런 문제가 되지 않는 이슬람 세계에서는 자신의 집 앞마당에서도 언제든 도축의식을 시행할 수 있다. 그러나 비무슬림 지역에 거주하는 무슬림에게 이드의 종교 의식을 행하는 데에는 많은 제약이 따른다. 한국의 경우만 봐도, 축산물 가공처리법에 따르면 아무 곳에서나 또 누구나 도축을 할 수 없다. 현행 축산물 가공과 관련된 법에 '가축의 도살이나 처리는 허가받은 작업장에서 할 수 있다'는 규정이 있다.

그래서 이드 때만 되면 한국에 거주하는 무슬림의 고민이 이만저만한 게 아니다. 이슬람 법과 한국 법을 모두 준수해야 하는 한국의 무슬림은 그래서 중도의 길을 택하는데, 이드 때 사원에서 소규모로 상징적인 도축만을 시행하고 있다고 한다(《조선일보》, 2009년 11월 27일 자). 양을 도축하는 이드 알 - 아드하와는 달리 이드 알 - 피뜨르 때는 주로 가난한 사람들에게 적선하거나 기부를 행한다.

무함마드 탄생일

두 번의 이드 이외에도 아랍 무슬림이 기념하는 축제날은 이슬람력 3월 12일인 무함마드의 탄생일, 즉 마우리드 알 - 나비이다. 수니 무슬림보다 시아 무슬림이 이날을 좀 더 열광적으로 기념한다. 수니 무슬림은 무함마드의 종교적 지위를 인간으로 한정하지만 시아 무슬림은 인간 이상의 신권까지 부여하기 때문이다. 그래서 시아 무슬림에게 이날은 불교의 석가탄신일이나 기독교의 크리스마스와 같이 매우 성스럽고도 기쁜 날이다.

기쁨을 같이 나누기 위해 무슬림은 옥수수가루, 설탕, 피스타치오 등으로 만든 홀쿰*hulquum*이라는 단 과자를 나누어 먹는다. 기쁜 날이니만큼 무슬림은 단 음식을 먹으면서 각종 행사에 참여하고 즐겁게 하루를 보낸다. 음식 산업이 발달한 현재에는 단 음식이 아주 흔해졌지만 인류가 단 음식을 이렇게 마음 놓고 먹기 시작한 것은 겨우 몇 세기 전부터이다. 19세기에 사탕무로 설탕을 만들게 된 근대 후기 이전까지 단 음식은 오랫동안 특권층만 누릴 수 있는 사치품이었다(뮐러, 2007: 53). 그래서 단 음식은 결혼이나 축제처럼 중요한 날에 어김없이 등장하는 음식이 되었다.

축제행사에는 전통 요리법이 절정에 달한다. 그러나 축제 때는 많은 양의 음식을 한꺼번에 준비해야 하기 때문에 기교를 발휘하는 정교한 요리 대신 전통적으로 먹었던 일상음식을 푸짐하게 차린다. 즉, 구성 면에서 축제음식도 일상음식처럼 샐러드, 수프, 주요리(주로 양고기와 닭고기에 쌀을 넣고 요리한 것), 디저트로 구성된다. 이때 주요리는 고기를 튀기거나 구워서 밥이나 빵과 함께 먹을 수 있게 준비되며, 디저트는 월넛, 피스타치오, 대추야자가 들어간 패스트리가 주를 이룬다.

기타 기념일에 먹는 음식

축제날 이외에, 특정한 날에 먹는 특별음식도 있다. 예를 들면 아몬드 쿠키는 새로운 이웃을 맞이할 때 먹으며, 손가락 크기만 한 대추야자 쿠키는 라마단 때 주로 먹는다. 아이가 태어났을 때 산모는 약 40일 동안 아이를 보기 위해 방문하는 사람들에게 쌀 푸딩의 한 종류인 무글리*mughli*를 만들어 손님에게 접대한다. 이때 먹는 무글리는 다산을 상징한다. 아랍 지역의 무슬림 산모들은 아이가 처음 태어나면 약 40일 동안 친정어머니, 할머니 혹은 언니의 도움을 받으며 산욕기를 보내고, 남아는 40일이 지나면 할례를 받는다. 남아가 할례를 받는 날 또 한 차례 잔치판이 벌어진다. 아랍인이 유독 40이란 숫자에 의미를 두며 기념하는 것은 40을 완전한 수라고 믿기 때문이다.

이 밖에도 축제는 아니지만 장례 때 아랍인은 설탕을 넣지 않은 쓴 커피를 나누어 마시면서 고인의 가족을 위로하는 전통이 있다. 특히 가까운 사람의 장례 때는 문상을 오는 손님에게 음식을 대접하는 우리와는 반대로 이웃과 친지들이 고인의 집에 음식을 해서 나른다. 고인의 가족들이 음식을 할 경황이 없기 때문에 수고를 덜어주기 위함이다.

아랍인의 식단과 다이어트

"모든 무슬림 여성은 항상 다이어트를 해. 미혼여성은 신랑감을 찾기 위해서 하고, 기혼여성은 남편을 다른 여성에게 뺏기지 않기 위해서 하지."

몇 년 전에 무슬림 친구가 한 이 말은 현대 아랍 무슬림 여성들의 현 상태를 제대로 표현한다고 해도 과언이 아니다. 우리와 마찬가지로 몸이 개인의 정체성을 표현하며 사회적 지위를 반영하는 이 시대 아랍 무슬림 여성들 역시 아름다운 몸매를 만들기 위해 사투를 벌인다. 어디를 가나 몸무게 감량을 위한 다이어트 식단이 화젯거리다.

불행히도 아랍 무슬림 여성들에게 다이어트는 유난히 더 힘든 과제이다. 날씨가 더워 움직이기는 귀찮고, 축 처진 몸에 기운을 불어넣기 위해 먹는 음식마다 기름지고 그 맛은 짜거나 달다. 거의 모든 주식은 육류나 생선요리 옆에 기름에 볶아 윤기가 반지르르 흐르는 밥과 함께 나온다. 그래서 물만 넣어 쌀을 끓이는 한국식 밥인 '스팀드 라이스steamed rice'를 먹는 우리를 불쌍히 여긴다. 그들에게는 '그냥 쌀밥'은 다이어트를 위한 최후의 선택인 것이다. 게다가 식사 후 입안을 개운하게 할 요량으로 마시는 차는 설탕을 너무 많이 넣어, 설탕을 차에 넣은 것인지 차를 설탕에 넣은 것인지 구분이 안 갈 정도이다.

몸과 이상형의 변화

아랍세계에서 처음부터 날씬한 여성이 주목받은 것은 아니었다. 한국의 이상형이 시대에 따라 달리 변해왔듯 아랍사회의 이상형 역시 시대마다 다르게 변화해왔다. 1960년대와 1970년대에 인기 있던 이상적인 여성형은 통통하고 둥실둥실한 여성이었다. 당시의 어려운 경제 상황을 고려해볼 때 통통한 몸매의 풍만한 여성은 유복한 가정, 건강, 다산을 상징했기 때문이다. 이를 반영하듯 전통적으로 아름다운 여성은 '까마르*qamar*'로 불렸는데 이는 아랍어로 '달'을 의미한다. 즉, 여성에게 '까마르 같다'는 말은 미에 대한 최고의 극찬으로 여겨졌다. 그러나 오늘날 비만이 병으로 인지되는 새로운 문화적·의학적 분위기 속에서 통통한 여성은 부모 세대처럼 선호되지 않는다. 오히려 살이 찐 것은 게으름, 나태, 자기 관리 부족이라는 부정적 이미지와 연계된다. 변화된 사회분위기 때문에 많은 아랍 여성들은 체중감량을 위해 애쓰고 있다. 이러한 현상을 반영하듯 현지에서 만난 여성들에게 인사말로 "너 오늘 살 빠져 보인다"라고 하면 무조건 '고맙다'는 답변이 돌아왔던 기억이 난다. 또한 예전과 달리 '까마르', 즉 '달덩이 같다'는 말은 오늘날 그리 환영받는 멘트가 아니다. 그래서 오늘날 아랍 여성들은 결혼을 했건 하지 않았건 체중을 감량하기 위해 많은 시간을 운동하는 데 투자하거나 음식 조절에 신경을 쓴다.

다이어트 부추기는 사회, 다이어트 공화국

다이어트는 특히 걸프 지역 여성들에게도 큰 부담으로 다가오고 있다. 걸프 지역 여성들은 대부분 인도, 필리핀 등 동남아 출신의 값싼 외국인 노동력을 고용하고 있어서 다른 지역 여성보다 가사와 육아 노동으로부터 좀 더 자유롭다. 즉, 아랍의 전통적인 고칼로리 음식을 소비할 만한 일이 더 적다. 이들이 하는 거의 유일한 운동은 시원한 몰에서 쇼핑을 즐기며 쉬엄쉬엄 걷는 것이다. 그래서 타 지역에 비해 걸프 지역 여성의 비만율은 훨씬 높다.

여성의 몸을 상품화하는 사회의 분위기가 '다이어트 공화국' 형성을 조장하고 있다는 비판적인 목소리도 있다. 이와 관련해 바시요니는 여성들의 몸은 사회적·문화적·역사적·의학적 맥락에서 해석되어야 한다고 언급했다(Basyouny, 1997: 5). 바시요니는 여성의 몸은 섹슈얼리티에 대한 논쟁의 정점에 있다고 주장하면서 오늘날 여성의 몸에 대한 집착은 사회적 맥락에서 만들어진 것이고, 이는 차별로 이어지고 있다고 주장한다. 방송, 잡지, 일간지가 조장하는 여성의 몸에 대한 차별은 뚱뚱한 여성의 경우 가족들을 위해 음식을 준비하고, 빨래하고, 청소하고, 아이의 기저귀를 갈아주는 '전통'적인 여성의 이미지를 보여주는 반면, 날씬한 여성은 해변과 쇼핑몰을 거닐며 신용카드를 쓰고, 고급 차를 운전하는 등 세련되고 현대적인 이미지를 보여준다고 언급했다. 여성의 몸에 대한 인식은 곧 사회의 계층 구별과 연계된다. 즉, 전자에 묘사된 전통적인 여성이 저소득층 여성이라면, 후자에 묘사된 세련되고 현대화된 여성은 상류층에 속하는 여성이다.

결과적으로 여성의 몸에 대한 새로운 문화적 코드는 남성과 여성이라는 성의 차별에서 뚱뚱함과 날씬함이라는 몸과 계층의 차별로 옮겨갔다고 말할 수 있다.

한국에서는 명절이 다가오면 각종 방송매체에서 '명절 때 살 안 찌는 법'에

쇼핑몰의 아랍 여성들

대한 내용을 종종 주제로 다룬다. 아랍 사회에서도 일출부터 일몰 전까지 한 달 동안 단식을 행하는 라마단 기간 동안 어떻게 하면 음식의 요리과정에서 칼로리를 줄일 수 있는지, 또는 라마단 한 달 동안 살이 찌지 않는 방법은 무엇인지와 관련된 주제가 잡지와 TV에서 자주 거론된다. 여성 잡지에서 결혼식 전 다이어트에 대한 특집을 다루는 경우도 많다. 다이어트 열풍으로 오늘날 아랍 사회에는 체중감량에 효과적인 녹차가 인기를 끌고, 스시도 음식점의 인기 메뉴이다.

식사와 에티켓

아랍인에게 먹는 것은 그 무엇보다 중요하다. 이들에게 먹는다는 것은 생존 이상의 의미가 담겨 있다. 누구와, 어떻게, 어떤 음식을 왜 먹는지와 관련된 문제는 음식을 먹는 사람의 됨됨이와 교양을 보여준다. 이를 단적으로 보여주는 단어가 바로 '아답*adab*'이다. 원래 아답의 의미는 '문학'이다. 그러나 아답의 어근을 찾아보면 여기에는 '예의 바른', '교양 있는', 또는 '정제된 입맛'이라는 의미가 담겨 있으며 '향연'이라는 의미도 있다. 이는 곧 아랍인에게 음식을 먹는 행위는 교양, 학식, 더 나아가 취향과 입맛 등을 복합적으로 보여주는 것임을 의미한다. 그래서 아랍인은 음식 앞에서 상대가 어떻게 행동하는지를 잘 살피면서 그들을 평가한다.

그렇다면 아랍에서는 음식 앞에서 어떻게 행동해야 매너 있는 사람으로 간주될까? 아랍 무슬림의 전통적인 식사예법을 한번 배워보자.

식사 전 에티켓

무슬림이 식사 전에 행하는 가장 중요한 행위는 바로 손을 씻는 것이다. 손 세척은 크게 두 가지 목적에서 하는데, 첫째는 위생 때문이고 둘째는 종교적인 목적이다. 앞서 언급했듯 무슬림에게 음식은 신성한 것이며 따라서 먹는다는 것은 곧 종교적 행위이다. 모든 무슬림이 기도 전에 간단한 세정 의식을 거치는 것을 의무로 여기는 것처럼 무슬림들은 식사 전에 손을 씻는 것을 알라를 숭배하는 한 방법으로 여기고 있다(Al - Gazali, 2000: 4).

식사 전 손 씻기가 특히 중요한 이유는 아랍인의 전통적인 식문화에서 유래된 것이다. 아랍인이 포크와 나이프를 포함한 개인 식기를 사용하기 시작한 것은 그리 오래된 일이 아니다. 개인 식기를 사용하기 전 아랍인은 전통적으로 손을 이용해 큰 쟁반에 담긴 음식을 같이 나누어 먹었다. 이런 이유 때문에 같이 식사를 하는 사람의 손의 청결상태는 상당한 관심의 대상이 되었다. 그래서 아랍인에게 식사 전에 손을 씻는 것과 식사 중에 손을 깨끗이 유지하는 것은 가장 중요한 식사예절이다. 그러니까 식사 도중 머리나 목을 긁적이는 행위는 품위 있는 행동으로 간주되지 않는다.

오늘날 아랍인은 식탁에 상을 차리지만 전통적으로 이들은 땅바닥에 수프라라는 천을 깔고 상을 차려 밥을 먹었다. 바닥에서 먹는 행위가 사람의 행동을 더욱 겸손하게 만든다는 믿음 때문이었다. 먹을 때의 자세는 무릎을 꿇고 앉거나 사도가 행한 것처럼 오른쪽 다리를 세우고 왼쪽 다리를 안쪽으로 들여놓으면 된다. 이때 발바닥을 보여서는 절대 안 된다. 이는 상대를 모욕하는 행위로 간주되기 때문이다. 사도 무함마드도 식탁보다 수프라에서 식사하는 것을 즐겼다고 알려져 있는데 사실 그 당시에 식탁은 대중적으로 사용되던 가구는 아니었다. 그 밖에

전통적인 식사자리에 앉는 모습
수프라 천을 까는 대신 오늘날은 실용적으로 비닐을 깔고 상을 차리기도 한다.

무슬림들은 눕거나 기대서 먹는 것은 위에 무리가 가기 때문에 삼가야 할 행동으로 간주한다.

기도나 식사시간에 대한 이슬람교의 입장은 상당히 실용적이다. 만일 기도시간이 우연히 식사시간과 겹치면 식사를 먼저 하고 나서 기도할 것을 권한다. 이슬람교에서는 먹는 행위를 종교적 행위로 간주하기 때문이며, 그보다 더 큰 이유는 배가 고프면 기도에 집중할 수

길거리에서 기도하는 무슬림 남성들

없기 때문이란다. 게다가 기도를 먼저 할 경우 마치고 돌아올 때쯤 음식은 이미 식어버리거나 상태가 변할 수도 있다. 음식에 대한 이슬람교의 입장은 가히 실용적이라 할 수 있다. 성聖과 속俗, 즉 기도와 먹고 싶은 욕구를 엄격히 구분해 하나를 희생하기보다 최고의 타협점을 찾고 있다. 이 외에도 이슬람교에서는 되도록 많은 사람과 함께 음식을 같이 나누어 먹을 것을 권장한다. 이는 축복받는 행위로 간주되기 때문이다.

식사 중 에티켓

아랍 무슬림에게 가장 중요한 식사예법은 오른손을 사용해 음식을 먹는 것이다. 이슬람 문화권의 관습과 전통에 따라 왼손과 오른손은 그 쓰임새가 분명히 구분되었다. 무슬림은 화장실에서 볼일을 보고 뒤처리를 하는 데 왼손을 사용하며, 음식을 먹을 때, 사람들과 인사할 때, 또 상대에게 물건을 건넬 때는 오른손을 쓴다. 즉, 아랍인에게 왼손은 불결하고 부정적인 것으로 취급되었다.

무슬림에게 먹는 행위는 기도와 동급으로 간주될 정도로 신성한 행위이므로, 음식을 시작할 때와 맺을 때는 반드시 신의 이름과 함께한다. 식사를 시작하기 전에는 '비스밀라신의 이름으로'로, 식사를 마친 다음에는 '알-함두릴라신에게 찬미를'라는 문구와 함께 끝낸다.

좀 더 구체적인 식사방법으로는 오른손 세 손가락을 이용해 음식을 조금씩 집어서 먹는다. 음식을 다 씹어 넘기기 전에 급하게 또 다른 음식에 손을 뻗어서는 안 된다. 음식을 한 손가락으로 먹는 것은 음식에 대한 혐오감을, 두 손가락은 거만을, 네 손가락과 다섯 손가락은 탐욕을 상징한다고 한다(Al-Gazali, 2000: 51).

과일을 제외하고 음식은 자신과 가장 가까이 있는 것부터 먹기 시작한다. 여럿이 함께 먹는 공동요리는 중앙부터 먹지 말아야 하며 자신 앞에 놓인 것부터 시작하는 것이 가장 좋다. 빵과 고기는 손으로 찢어 먹는 것이 예의이다. 음식을 떨어뜨렸을 때에는 더러운 부분만 제거하고 먹으면 된다. 뜨거운 음식은 입으로 불어서 먹기보다 식을 때까지 기다려 먹는다. 음식을 식히기 위해 '후후' 불어대는 것은 경박한 행위

아랍의 전형적인 화장실의 비데(위)와
현대식 화장실의 비데(아래)

이다. 또한 물이나 음료수를 마실 때는 꿀꺽꿀꺽 소리 내어 삼키지 않고 조금씩 살짝살짝 마신다.

한국과 마찬가지로 이슬람 문화권에서도 장유유서가 소중한 문화유산으로 내려오고 있다. 그래서 여러 명이 먹고 마실 때는 최고 연장자에게 음식과 마실 것을 우선 제공한다. 그다음 순서는 연장자의 오른쪽부터 권하면 된다. 우선권은 항상 오른쪽에 있다. 왼쪽은 불결과 부정의 상징이기 때문이다. 자신보다 연장자이거나 덕망이 높은 사람과 같이 식사를 하는 경우에 먼저 음식을 먹거나 마셔서는 안 되며 그들이 음식을 시작할 때까지 기다린다. 그리고 식사 중에는 다른 사람이 먹는 것을 주시하지 말아야 한다. 이는 상대를 당황스럽고도 언짢게 만드는 무례한 행동이다.

한국 사람과 아랍인 사이에 식사와 관련된 문화적 차이를 가장 크게 느끼는 부분은 식사 중 대화를 나누는 것이다. 한국에서는 음식을 앞에 두고 이야기를 많이 나누는 것을 복이 나가는 행위로 간주하고 이를 꺼려왔다. 그래서 어려서 밥상 앞에서 이야기를 많이 하면 부모에게 꾸중을 들어야 했다. 음식 앞에서 과묵을 요구하는 우리의 문화와는 달리 아랍인은 음식을 매개로 사람들과 이야기를 나누는 것을 중요한 에티켓으로 여긴다. 아랍인은 음식 앞에서 침묵을 지키는 것을 자신들이 별로 좋아하지 않는 페르시아인의 관습으로 간주한다. 즉, 아랍인에게 음식은 안과 밖, 나와 타인을 연결하는 중요한 사교의 장이다.

손님이 음식을 별로 먹지 않았다고 생각될 때 주인은 손님에게 음식을 권해야 한다. 권하는 횟수는 세 번을 넘어서는 안 된다. 너무 과한 것은 무례하게 비칠 수 있기 때문이다.

식사 후 에티켓

이슬람교에서 무슬림에게 권장하는 가장 이상적인 식사량은 포만감을 느끼기 전까지만 먹는 것이다. 이후에는 음식에서 손을 떼야 된다. 이는 위가 약해지는 것을 막고 지혜로운 사고나 정신 상태를 유지하기 위해서이다. 식사는 '신에게 찬미를'이라는 뜻이 담긴 '알-함두릴라'를 암송하면서 중단하며, 식사 중에 떨어뜨린 음식물 등을 주워 올려 주변을 정리한다. 만일 초대받아 간 식사자리라면 식사를 마친 후 상대를 축복하는 말을 잊어서는 안 된다. 또 식사 후에는 손을 씻고 치아 사이를 깨끗이 하기 위해 간단히 물로 양치를 한다. 양치 도구가 없었던 과거에 사람들은 나무로 된 이쑤시개를 이용해 이 사이에 낀 음식물을 제거했는데 이는 사도 무함마드가 행했던 양치 습관이다.

디저트까지 포함해 식사를 마치면 간혹 주인은 몸에 밴 음식 냄새를 제거하기 위해 손님들에게 향수를 제공하거나 부크르*bukhuur*라는 아랍의 전통 향을 피우기도 한다.

향수나 부크르는 손님들에게 차례로 제공되는데 자신의 순서가 되면 마음에 드는 향수를 선택해 몸에 뿌리면 된다. 부크르 향단지에서 모락모락 피어오르는 연기를 손으로 끌어와 머리와 옷 등에 배도

부크르 단지 　　　　　　　아랍 전통향수를 파는 향수가게

록 한다. 부크르는 향기 나는 오일에 적신 나뭇조각이나 향기 나는 벽돌이 주성분이다. 이 나뭇조각이나 벽돌을 향로에 넣고 불을 붙이면 냄새가 강한 연기가 피어나는데, 아랍인은 이것으로 집 전체나 옷에 향을 입힌다. 아랍인은 특히 향을 중히 여기는데, 향수를 맡는 것은 고기 섭취처럼 몸을 건강하게 만드는 것이라고 한다(Al-Gazali, 2000: 51). 아랍인이 향에 집착하는 또 다른 이유는 아랍인의 사교적 거리는 우리가 당황스러울 정도로 가깝기 때문이다. 사교적 거리가 가까운 아랍인과 먼 서구인이 이야기를 하다 보면 너무 가까이 접근하는 아랍

인을 피해 뒷걸음질하다가 벽에 부딪치는 경험담을 종종 듣곤 한다. 즉, 사람과 사람 간의 공간거리가 짧은 아랍인에게 상대방의 향은 무엇보다 중요하게 간주된다. 그래서 아랍에서는 전통적으로 향수 문화가 발달되었다.

식사가 끝나면 손님은 주인의 동의가 있을 때 자리에서 일어나면 된다. 그러면 주인은 문밖까지 나와서 손님을 배웅할 것이다.

아랍인의 환대문화, "손님은 왕!"

한국사회가 많이 바빠지면서 우리는 손님 접대를 주로 밖에서 하곤 한다. 손님 접대를 집에서 한다는 것은 나의 사적인 공간을 남에게 공개해야 한다는 부담뿐만 아니라 손님들이 좋아하는 메뉴는 무엇인지, 몇 명이 올지 등 고려해야 할 사항도 많아 여간 신경 쓰이는 일이 아닐 수 없다. 그래서 우리는 좀 더 간편하면서도 멋있게 식당에서 손님을 치르는 것을 선호한다. 그러나 아랍인은 이런 식의 접대를 성의 없다고 생각한다. 아랍인은 여전히 자신의 집에서 극진하게 손님을 대접하는 것을 즐기고 있다. 아랍 속담에는 "손님이 드나들지 않는 집은 천사도 드나들지 않는다"는 말이 있을 정도이다. 그렇다면 아랍인의 환대문화는 언제 시작된 것인가?

아랍인의 환대문화

아랍인의 환대문화는 이슬람교 출현 이전부터 있던 것으로, 역사가 아주 오래되었다. 아랍인의 환대문화를 소개한 하마디에 따르면 "손님을 후하게 접대하는 것은 셈족의 텐트로부터 유래해 이슬람 세계의 최말단에까지 널리 퍼진 미덕"(하마디, 2000: 82)이라고 한다. 그는 이 아랍인의 전통은 이슬람교의 도래와 함께 종교적 전통으로 정착되었다고 주장하는데, "접대는 아랍의 무종교자들의 큰 미덕이었는데 그 후 이것이 이슬람교도에게 전파되었다"(2000: 83)라고 말한다. 환대문화를 중시하는 아랍인의 미덕은 명예를 중시하는 전통에서 비롯되었다. 아랍인은 타인으로부터 존경받거나, 좋은 평판을 쌓거나, 가족의 체면을 유지할 때 명예를 완성할 수 있다고 믿는다. 특히 이웃의 좋은 평판은 푸짐하고 융숭한 손님 접대에서 시작된다고 믿고 있다.

중동 지역 음식문화를 연구한 헤인은 중동 지역의 명예와 음식문화의 상관관계를 다음과 같이 설명한다. 헤인에 따르면 명예를 지키기 가장 쉬운 길은 손님 접대를 융숭하게 하는 것이며, 명예를 잃기 가장 쉬운 길은 손님 접대를 인색하고 야박하게 하는 것이라고 한다(Heine, 2004: 4). 집단주의 문화권에 사는 아랍인은 개인의 명예가 가족과 부족의 명예와 밀접하게 연관된다고 생각한다. 그 때문에 주인은 가족과 부족의 명예를 걸고 손님을 극진히 대접한다. 전통에 따르면 손님은 신성한 존재로 간주되어, 적대 부족의 일원이라 할지라도 주인으로부터 극진한 대접을 받았다. 손님에게 많은 것을 베푸는 것은 사치로 여겨지지 않으며 오히려 의무로 간주된다. 아랍인의 의식 속에는 타인에게 자신의 관대함을 보임으로써 존경을 받고 싶어 하는 욕구가 강하게 자리하기 때문이다. 또한 '부자는 뿌려야 한다'는 생각이 강하므로 아랍인은 어려운 환경에서도 자신의 체면유지를 위해 남에게 최선을 다하려 한다. 때에 따라서는 무리하게 돈을 써서라도 자신이 인색하지 않다는 것을 보여주려 애쓴다. 인색한 사람은 멸시와 경멸의 대상이 되기 때문이다. 또한 자기의 경제력 이상의 생활을 하려고 하는 것은 경제력 이하의 생활을 하는 것보다 사회적 비난을 적게 받는다고 생각한다. 이런 이유로 아랍사회에서는 부자가 돈을 쓰지 않으면 경멸의 대상이 된다.

손님이 방문했을 때 손님 접대에 대한 규칙은 간단하다. 손님에게 마음과 행동으로 온갖 정성을 다하면 되는 것이다. 손님 접대는 이슬람교의 관습에 따라 적어도 3일은 해야 하며 그 이상은 자선을 쌓는 행위로 여겼다. 손님이 방문하면 오랜 시간을 혼자 방치해두어서는 안 된다. 이는 매우 결례가 되는 행동으로, 주인은 손님에게 필요한 것을 파악해 신속히 마련해주어야 한다. 또한 손님 앞에서는 자신이 바쁘다는 것을 보여서도, 다른 일이 있는 것처럼 보여서도 안 된다. 주인은 항상 손님의 옆자리를 지켜야 한다. 손님이 아주 친한 친구이건 그냥 아는 사람이건, 초대받은 사람이건 지나가다 그냥 들른 사람이건, 아니면 심지어 원수라도 주인은 항상 관대의 원칙을 지켜야 한다. 누구든 간에 자신의 집으로 들어온 사람은 손님이며 손님은 왕이기 때문이다.

환대문화의 대표음식

아랍 무슬림이 누군가를 초대했을 때 내놓는 가장 대표적인 음식은 양고기이다. 양은 아랍에서 최고의 환대음식으로 간주된다. 우리에게 사위가 오면 씨암탉을 잡아주는 문화가 있듯이 아랍에는 귀한 손님이 오면 양 한 마리를 통째로 잡는 전통이 있다. 전통적으로 양은 한 마리를 통째로 구워 내놓는 비교적 간단한 조리법으로 요리된다(걸프 지역에서는 이런 요리를 알-꾸지라고 한다). 양 한 마리를 다 잡았다는 증거로 종종 양의 머리까지 식탁에 오르는데, 손님을 환영한다는 의미로 주인이 양의 눈을 직접 손님의 접시에 담아주기도 한다. 아랍 친구들을 대접할 일이 있을 때 양 한 마리를 잡았다고 과장 한번 해보라. 단박에 그들은 당신 편이 될 것이다.

간혹 사막의 베두인 문화에서 손님 접대는 좀 더 통이 크게 이루어지기도 한다. 베두인들은 양 대신 몸집이 큰 낙타를 통으로 불에 굽는다. 이때 낙타의 뱃속에는 통으로 조리한 양이 들어가며, 또 양의 뱃속에는 각종 견과류와 향신료로 양념을 한 쌀을 뱃속에 가득 담고 통으로 구운 닭 한 마리가 들어간다. 그 양은 실로 어마어마해서 수십 명이 먹기에도 충분하다. 베두인들 사이에서는 결혼이나 손님 접대 등 축제 때 양 대신 낙타 몇 마리를 잡았느냐가 자신의 경제력을 입증하는 중요한 수단이 된다.

이 밖에도 아랍인에게는 우리의 전통을 연상시키는 손님 접대 문화도 있다. 위생관념이 철저해진 오늘날에는 보기 드문 일이 되어버렸지만, 예전에 우리도 시골 할머니 댁에 놀러 가면 할머니가 손자에게

무슬림의 사교 공간, 현대식 집(위)과 천막에서의 디와니야(아래)

손으로 직접 김치를 찢어 숟가락에 올려주곤 했다. 찢어준 김치에는 할머니의 정성과 사랑이 듬뿍 담겨 있다. 비슷한 감정을 아랍의 무슬림에게서도 느낄 수 있는 곳이 있다. 이슬람교가 태동한 메카 지역에서는 손님을 접대할 때 주인이 고기를 잘게 찢어 손님의 입에 직접 넣어주기도 한단다. 이는 최상의 손님 접대로 간주되는데, 귀한 손님이 음식에 손을 대는 수고를 덜어주기 위한 것이다.

환대문화와 여성

손님 초대가 공식적으로 이루어지는 자리에서 여성의 모습이 보이지 않는 때가 종종 있다. 이는 남녀분리 문화가 존재하는 이슬람 문화권의 전통에 따라 공식적인 환대 장소는 일반적으로 남성만의 공간으로 간주되어왔기 때문이다. 비록 여성이 남성의 공간에 모습을 나타내진 않지만 공식적인 환대문화의 뒤에는 항상 여성이 존재해왔다. 여성의 역할은 남성들의 식사가 무사히 끝날 수 있도록 뒤에서 음식을 준비하는 것이다. 남성들은 여성이 준비한 음식의 소비를 통해 자신의 사회적 지위, 경제력, 관대함을 손님에게 보여준다. 그래서 여성은 음식을 통해 남성의 명예를 살리기도 하고 실추시키기도 한다.

이처럼 음식을 둘러싸고 남성과 여성 간에는 항상 권력관계가 작용한다. 남성들의 모임이 공식적이고 의례적인 반면 여성들만의 모임은 만나는 시간과 장소, 차린 음식 등이 비공식적이다. 남성들의 모임이 끝나면 여성들은 그다음 날 만나 전날 남은 음식이나 선물로 들어온

전통적인 여성들의 사교 공간 (두바이 박물관)

음식을 주 메뉴로 모임을 갖는다.

손님의 의무

비아랍 지역 전공자라 하더라도 살다 보면 아랍 사람과 인연이 닿아 그들에게 초대를 받는 일이 생길 수도 있다. 만일 아랍 친구에게 초대를 받는다면 그 초청에 적극적으로 응해야 한다. 혹시라도 참석하지 못할 사유가 있을 때는 자신이 직접 양해를 구하라. 초대를 거절한다는 것은 "나는 당신과 관계를 맺고 싶지 않다"는 의미와 상통하며 상당히 무례한 행동으로 간주된다. 초대받은 사람은 어떻게 행동해야 하는가?

초대에 응하는 기술

초대에 응할 때도 지켜야 할 예의가 있다. 우선 초대하는 사람의 지위 고하를 막론하고 초대에 응해야 한다. 『하디스』에 의하면 사도 무함마드는 살점이 없는 양의 발목을 놓고 누군가 초대를 하더라도 이에 기쁘게 응했다고 한다. 즉, 가난한 자가 베푸는 먹을 것도 없고 보잘것없는 초대라도 상대방의 마음을 기쁘게 할 수 있다면 초대에 응하는 게 예의라는 것이다. 또한 거리가 멀더라도 초대에 응해야 하며 심지어 금식기간이라 할지라도 누군가가 초대하면 금식을 중단하고 응해야 한다. 이슬람교에서는 초대 때문에 금식을 중지하더라도 형제의 마음을 기쁘게 했다면 금식 중단에 대한 보상을 받을 것이라고 가르치고 있다. 단, 음식이 이슬람식으로 준비되었을지 의심스러울 때, 그리고 초대된 장소가 이슬람교에서 금지하는 장소(예컨대 술을 파는 장소)일 때는 초대에 응하지 않아도 된다.

손님의 에티켓

초대받았을 때 손님은 적당한 시간에 약속장소에 당도해야 한다. 손님은 주인을 오랫동안 기다리게 해서도 안 되고, 일찍 도착해 주인을 당황하게 해서도 안 된다. 모임장소에 도착하면 먼저 온 사람에게 인사를 한다. 모임장소에 들어설 때 손님은 약간 몸을 숙이고 먼저 가슴 위에 손을 얹고 입술과 이마로 손이 차례로 간다. 이 행동에 담긴 의미는 '당신은 나의 마음과 이야기와 생각 속에 있다'는 것이다. 인사의 순서는 개인은 집단에게, 서 있는 사람은 앉아 있는 사람에게, 젊은 사람은 연장자에게 인사를 하는 것이 관례이다. 그러나 사회적 지위에 따라 이러한 규칙은 변하기도 한다. 여성은 간단한 악수를 하거나 볼에 키스를 한다.

인사를 하고 일단 손님이 집에 들어서면 주인은 가장 좋은 방으로 손님을 안내할 것이다. 주인이 손님의 자리를 안내하기 전에 손님이 먼저 방의 중앙에 성큼 들어서면 안 된다. 왜냐하면 주인은 이미 초대한 손님의 연령과 지위, 상황을 고려해 자리에 앉는 순서와 접대를 받는 순서를 정했을 것이기 때문이다. 일반적으로 지위가 높은 손님이 상석에 배치되며 집안의 최고 연장자가 이 손님에게 음식을 대접한다.

전통적으로 아랍음식은 코스에 따라 제공하지 않고 한꺼번에 차린다. 손님은 차린 음식 중에 자신이 좋아하는 것을 먹으면 된다. 주인은 세 번 정도 손님에게 음식을 권유해야 하며, 손님이 충분히 먹지 않았다고 생각될 때는 돌아가는 손님에게 음식을 싸주기도 한다. 식사가 끝나면 손님에게는 커피, 차와 디저트가 제공된다. 손님은 식사를 마치면 식탁에 남지 않고 자리를 뜨는 게 예의로 간주된다.

초대받았을 때 일반적으로 준비하는 선물

집으로 초대를 받았을 때 일반적으로 손님은 빈손으로 방문하지 않는 것이 예의이다. 선물을 하나씩 준비한다면 초대한 사람과의 관계가 더욱 돈독해질 것이다. 아랍인들이 추천하는 선물은 다음과 같다.

*10대 이하
남자어린이
장난감 / 사탕 박스 / 자동차 / 자전거 / 공 / 돈 / 스파이더맨 장난감
여자어린이
봉제완구 / 사탕 박스 / 액세서리 / 초콜릿 / 옷 / 돈 / 바비인형

*10대~20대

남학생
머리액세서리 / 향수나 바디스프레이 / 일기장 및 문구류 / 초콜릿 / 꽃 / 시계 / 전통의상 세트

여학생
전통의상 세트 / 휴대전화 / 랩톱 컴퓨터 / 플래시메모리 / 스포츠 시계 / 책 / 휴대전화 액세서리

*20대~30대

남자
가죽수첩 / 향수 / 시계 / 버튼 세트 / 책상 장식품 / 열쇠고리

여자
조리기구 세트 / 향수 / 꽃 / 책상 장식품 / 클럽멤버십 바우처 / 액자 / 시계

*30대~40대

남자
향수 / 시계 / 가죽지갑 / 전통의상 세트 / 최신 휴대전화 / 자동차 장식품

여자
꽃 / 향수 / 인테리어 장식품 / 화장품 세트 / 핸드백 / 장신구

*60대 이상 노년층

남자
부크르 / 아랍 향수 / 나무지팡이 / 미스와크 칫솔 / 기도용 옷 / 꾸란 / 보석 원석 / 묵주

여자
부크르 / 아랍 향수 / 옷 / 보석 / 기도용 옷 / 꾸란 / 보석 원석 / 묵주

(http://www.ask-ali.com/whattobuyforfriend.asp)

선물용 초콜릿을 파는 가게와 선물 바구니

목록을 살펴보면 일부는 꽤 값나가는 것들이다. 그러나 여기에 제시한 것은 가까운 관계일 때 줄 수 있는 품목이라 생각하면 되고, 일반적으로 처음 만나는 사람이라면 아랍식 전통과자, 고급 초콜릿이나 케이크, 꽃 같은 것이면 충분하다.

서구 식민주의와 아랍인의 음식문화

우리에게 낯선 아랍 국가의 시골 마을을 여행하다 보면 현지 음식이 입에 안 맞아 주린 배를 움켜잡는 경우가 종종 있다. 그런데 여행하다 죽으라는 법은 없는지, 아무리 시골 마을이라도 간혹 구세주처럼 우리에게 낯익은 음식을 만날 수가 있다. 대표적인 것이 바게트, 스파게티, 피자 등이다. 재료를 아끼지 않아서인지 이들 음식 맛은 일품이다. 단, 종류를 잘못 선택한다면 아랍 향신료가 듬뿍 들어간 음식이 나올 수도 있다.

그렇다면 아랍은 언제부터 서구의 음식을 받아들였을까? 서구와 아랍은 지중해를 사이에 두고 지속적으로 관계를 해왔기 때문에 언제부터 서구 음식이 아랍 지역에 유입되었느냐를 따지는 것은 별 의미가 없을 수도 있다. 그보다는 서구와 아랍의 정치관계가 음식문화에 어떤 영향을 미쳤는지 살펴보는 것이 훨씬 유용할 것이다.

서구와 아랍 지역 음식문화의 패권

근대 아랍인의 음식문화는 서구의 영향을 크게 받았다. 중세 서구가 암흑기를 맞이했을 당시 수 세기 동안 이슬람 제국은 문명의 꽃을 피웠다. 그래서 음식문화의 주도권도 이슬람 제국이 쥐고 있었다. 이슬람 제국에서 유럽으로 건너가 세계화된 대표적인 음식으로는 커피, 요구르트, 패스트리 등이 있다. 그러나 그 화려했던 시절은 18세기에 접어들자 쇠퇴기를 맞이했다. 1798년 프랑스의 나폴레옹 군대가 이집트를 점령한 이래 1970년대 초반까지 사우디아라비아와 예멘을 제외한 아랍 지역 국가들은 대부분 형태는 다르지만 영국과 프랑스를 위시한 유럽 열강의 식민지배하에 들어가게 되었다. 특히 아랍 지역의

이집트인들의 대중음식 코샤리

자원을 탐낸 영국과 프랑스는 1916년 사이크스-피코 비밀협정을 맺어 아랍을 자기들 입맛대로 분할해 통치했다. 그 결과 북아프리카 지역과 시리아, 레바논은 프랑스의 영향권에, 이라크, 요르단, 이집트, 그리고 사우디아라비아를 제외한 걸프 지역 등은 영국의 영향권에, 리비아는 이탈리아의 영향권에 각각 편입되었다. 이 시기 역사는 아랍인에게 깊은 상처로 남아 있으나, 음식문화의 변화를 가져온 것 또한 사실이다. 아랍의 음식문화에 새로운 재료와 요리법이 소개되었고, 그 결과 이 지역의 음식문화에 또 다른 변화의 바람이 불 수 있었다.

　튀니지인의 주식으로 널리 소비되는 프랑스의 바게트 빵이라든지, 영국의 식민지였던 인도의 음식이 이집트로 유입되어 우리의 라면과 비슷한 서민들의 대중음식으로 탄생한 코샤리 *koshari*, 그리고 인도식 치킨 티카가 있다. 또한 이탈리아의 영향하에 있던 리비아인은 오늘날까지도 스파게티와 피자를 주식으로 즐겨 먹는다. 여기에 세계화의 영향으로 1990년대에 아랍 지역에도 상륙한 패스트푸드는 아랍음식의 서구화 현상을 부채질했다. 서구의 패스트푸드 음식점이 아랍인에게 고급문화를 즐기는 장소로 인식된 것도 흥미롭다. 이는 '서구 = 선진문화' 라는 사람들의 인식에 기초한 것이다.

아랍 지역의 패스트푸드

아랍의 패스트푸드 음식점과 관련한 일화가 하나 있다. 1994년 이집트로 단기연수를 갔을 때, 아랍의 입맛에 길들여지지 않는 필자와 친구들은 기회를 만들어 카이로 중심가에 있는 KFC에 갔다. 친구들과 어울려 간단히 튀긴 닭과 콜라를 먹는 '캐주얼'한 곳인 줄로 알고 간 이집

아랍의 KFC와 맥도널드

트의 KFC는, 온 가족이 방문 전 미리 예약을 하고 정장 차림으로 와서 식사를 하는 '격식 있는' 패밀리 레스토랑이었다. KFC에서 온 가족이 정장에 나비넥타이를 하고 식사를 하는 장면을 보게 될 줄이야. 청바지 차림으로 갔던 필자와 친구들은 당혹스러워 황급히 자리를 뜰 수밖에 없었다. 당시만 해도 외식산업이 발달하지 않았던 이집트에서 서구의 패스트푸드 외식업체는 일반인이 범접하기 쉽지 않은 수준 높은 상류층에게만 개방된 장소로 인식되었던 것이다.

맥아라비아 세트와 메카콜라

그러나 '서구의 음식문화는 곧 고급스러운 음식문화'라는 인식은 그리 오래가지 못했다. 다른 분야의 유행패턴처럼 음식문화도 타 지역의 음식을 가장 먼저 접할 수 있는 상류층 엘리트를 중심으로 유행하다가 상류층의 소비패턴을 따르려는 중산층과 저소득층으로 급속히 확산되면서 대중화가 되기 때문이다. 그래서 얼마 지나지 않아 아랍 지역에서 패스트푸드 식당의 벽은 낮아져 일반인을 위한 평범한 식당이 되었다. 오히려 아랍 사람들은 오늘날 서구의 음식패턴을 그대로 따르기보다 음식에서 자신만의 정체성을 찾기 위해 노력하고 있다. 즉, 음식문화에도 민족주의food nationalism 바람이 분 것이다.

그런데 오늘날 등장한 음식 민족주의는 자신의 전통음식만을 고집하는 보수적인 경향이 아니라 자국의 음식에 글로벌 음식문화를 흡수하는 좀 더 유연한 입장으로 전개되고 있다. 즉, 음식문화에서도 서구와 아랍의 음식이 서로 만나 새롭게 창조된 '글로컬라이즈화glocalized'한 메뉴가 속속 등장하고 있는 것이다. 그 예가 아랍의 맥도널드에 가면 접할 수 있는 '맥팔라필Mcfalafil' 혹은 '맥아라비아 McArabia'이다.

　오늘날 아랍인이 추구하는 음식문화의 주체성은 즐겨 마시는 음료에도 잘 나타난다. 서구를 곱지 않은 시선으로 보는 일부 아랍국가의 국민들은 이제는 아랍음식에서 빠질 수 없는 주 음료가 되어버린 코카콜라나 펩시콜라 대신 이슬람식 고유브랜드인 '메카콜라' 혹은 '잠잠콜라'를 마시고 있다. 메카콜라는 이슬람교의 성지를 모티브로, 잠잠콜라는 성지 메카에 위치한 성스러운 샘물로 하갈이 아들 이스마엘을 위해 물을 찾아 헤매다 발견한 우물을 모티브로 한 것이다. 이러한 이슬람식 콜라는 반미·반이스라엘 감정을 자극해 이슬람 세계에서는 2004년도 이후 선풍적인 인기를 끌고 있다. "You are what you eat 당신이 먹는 음식이 바로 당신이다"라는 말이 대변하듯 아랍 무슬림은 음식에서조차 자신들의 민족적·종교적·문화적 정체성을 찾기 위해 부단히 노력하고 있다.

전통의 맛을 잃어가는 아랍인

　걸프 지역의 아랍 현지인 집에 가보면 항상 볼 수 있는 사람이 있다. 바로 동남아 출신 메이드들이다. 웬만한 사람들은 메이드 두서넛

아랍인의 메이드 문화

은 기본적으로 거느리고 산다. 이들은 주인집의 자질구레한 일과 청소, 음식준비와 육아를 전담한다. 좀 더 잘 사는 사람들은 요리사, 정원사, 운전기사 등 전문 메이드를 따로따로 고용한다. 한국의 여성으로 태어나 집 안에서는 가사와 육아문제를, 그리고 집 밖에서는 경력을 쌓기 위해 부단히 뛰어다녀야 하는 입장에서는 여간 부러운 모습이 아닐 수 없다.

그러나 그 속을 들여다보면 마냥 부러워할 수만은 없다. '공짜는 없다'는 진리에 따라 아랍인도 몸이 편한 만큼 그 대가를 톡톡히 치르고 있기 때문이다. 부엌에 아랍인 주인은 없고 외국인 객만 있으니 식탁에서의 아랍 전통은 점차 사라지고 입맛도 전통에서 멀어져 가는 것이다. 좀 더 확대해석하면 아랍인의 정체성이 무너지고 있는 것이다.

전통적인 부엌과 오늘날의 부엌

우리의 전통적인 모습처럼 과거 아랍 지역에서도 일상생활에서 여성이 음식을 준비하고 요리한다. 전통적으로 아랍인은 확대가족의 체

133

아랍인의 전통적인 부엌

제 내에서 살았으며, 부엌일을 맡은 여성 간에는 위계질서가 존재했다. 나이 어린 여성은 힘들고 거친 부엌일을, 나이 든 여성은 음식을 하거나 간을 보는 좀 더 고상하고 섬세한 일을 맡았다. 여성 못지않게 남성도 음식에 대한 정보를 많이 갖고 있었다. 남성도 어린 나이에는 어머니나 누이와 같은 여성들과 보내는 시간이 많았기 때문이다. 그래서인지 아랍인의 전통적인 요리법은 세대를 통해 잘 전해질 수 있었다. 그러나 산업화나 도시화로 인한 가족제도의 변화는 음식 맛의 대물림에도 큰 타격을 주고 있다.

예전과 달리 오늘날처럼 핵가족이 대세인 상황에서 세대 간 음식 조리법의 전달은 쉬운 일이 아니다. 또한 여성의 노동력 참여 때문에 전통적인 요리법의 전수는 점차 어려운 일이 되어버렸다. 여성이 바깥에서 일을 하면서 부엌에서 일할 시간이 줄어들었다. 그래서 과거 아랍 무슬림 여성은 어머니에게 요리법을 배웠으나 오늘날의 현대 아랍 여성은 인스턴트 식품에 점점 더 의존하는 추세이다. 다시 말해 세대 간 전통적인 조리법의 전수는 점점 더 어려워지고 있다.

이와 같은 문제는 특히 부유한 걸프 지역에서 더 심각하다. 걸프 지역 여성은 거의 대부분 집에 인도, 파키스탄, 방글라데시, 필리핀 출신 메이드들을 요리사로 두고 있어 직접 음식에 시간을 할애하지 않는다. 게다가 걸프 지역 여성은 요리를 직접 하는 것이 자신의 사회적 위신을 떨어뜨리는 것이라고 생각하는 경향이 있다. 여기에는 육체노동을 하찮게 여기고 혐오하는 아랍인의 인식이 자리한다. 이 때문에 걸프 지역에서는 전통음식문화 소멸이라는 심각한 사회문제가 나타나고 있다. 자국 여성 대신 외국인 요리사에 식사를 의존하는 걸프 지역 사람들의 입맛은 남아시아나 동남아시아의 입맛에 길들여지고 있으며, 이러한 상황은 이 지역 음식문화 유산을 상당히 위협하는 것이다. 이를 막기 위해 얼마 전부터 전통적인 요리법을 복원하려는 시도가 출판과 방송 분야에서 일고 있으나 아직은 미진하다.

아랍인의 마음을 여는 음료, 커피

아랍인에게 커피는 환대를 상징한다. 또한 커피는 사람들과의 관계를 원활하게 맺도록 도와주는 윤활유 역할을 한다. 그래서 누군가의 집에 방문했을 때 커피가 제공되지 않으면 주인은 그 손님을 환대하지 않는다는 신호로 읽힐 수 있다. 동시에 손님은 주인이 제공한 커피를 결코 사양해서는 안 된다. 커피에 대한 거절은 주인의 환대를 무시하며 모욕하는 행위로 간주되기 때문이다. 이처럼 커피를 중요한 대화의 매체로 여기는 아랍인과 비즈니스 협상을 벌일 때 그들이 제공하는 커피를 사양했다고 상상해보자. 협상이 당장에 결렬될 것이라는 결과는 불을 보듯 뻔한 일이다. 그들에게 커피를 거절한다는 것은 "나는 당신과 소통을 원하지 않는다"는 간접적인 메시지로 읽히는 것이다. 그렇다면 아랍에서 커피는 언제 어떻게 발견되었을까?

16세기의 커피하우스

커피의 기원과 역사

　커피가 아랍 지역에서 어떻게 발견되었는지 그 기원에 얽힌 이야기에는 여러 종류가 있다. 그중 커피에 관해 출판된 책마다 소개되는 가장 널리 알려진 이야기는 예멘 지역의 양치기 목동에 관한 것이다.

　어느 날 목동은 양들을 새 목초지로 데리고 갔다. 그런데 그날 밤에 양들은 잠을 이루지 못하고 밤새 울어댔다. 당황한 목동은 원인을 알기 위해 근처 수도원에 가서 자문을 구했다. 수도사는 목동에게 낮에 양들이 무엇을 먹는지 주의 깊게 관찰할 것을 부탁했다. 다음 날 목동은 양들이 빨간 열매를 먹는 것을 발견하고 그 열매를 수도사에게 가져다주었다. 그 열매를 먹어본 수도사는 머리가 맑아지고 잠도 오지 않는 것을 알게 되었다. 열매에 각성효과가 있다는 것을 알게 된 수도사는 밤에 예배를 볼 때 졸지 않기 위해 그 열매를 끓인 물을 다른 수도사들과 함께 음용했다. 이런저런 방법으로 열매를 먹어본 수도사는 볶아서 끓여 먹는 것이 가장 맛있는 방법임을 알게 되었다고 한다. 이것이 커피 탄생의 배경이다.

　커피가 언제 발견되었는지 그 의견은 분분하나 약 10세기부터 예멘 지역의 소수 아랍 무슬림은 이 검은색의 음료를 마시기 시작했다고 한다(http://www.muslimheritage.com, 2003년 6월). 이후 커피는 13세기 중엽 이래 아라비아 반도를 중심으로 이슬람 세계에서 즐겨 마시기 시작했고, 14세기와 15세기에 판매를 위해 재배된 이래 무슬림의 대중적인 음료가 되었다. 커피가 일상생활에서 애음되면서 터키에서는 세계 최초로 공공장소에서도 커피를 즐길 수 있는 카페가 문을 열었으며 곧 정치인과 예술인뿐만 아니라 일반인을 포함한 다양한 사람들을 위한 사교의 장소로 부상했다.

아라비아 반도에서 처음 발견된 커피는 15세기경 카라반 무역로와 성지순례를 통해, 그리고 수양과 금욕을 실천하며 오지로 여행했던 수피주의 무슬림들을 통해 북아프리카와 동남아 지역까지 널리 퍼지게 되었다. 이후 커피는 그 효능 때문에 '악마의 음료'라는 누명을 쓰고 이슬람 지역에서 음용이 금지되기도 했다. 그러나 커피 수난의 역사는 그리 길지 않았다. 권력층조차 커피의 매력에 푹 빠져버렸기 때문이다. 그 후 커피가 유럽에 전해진 것은 16세기에 이르러서이고 그 주인공들은 오리엔트로 여행했던 상인, 항해사, 여행가, 선교사였다(류이치로, 2008; 이광주, 2003). 우리가 사용하는 커피의 어원은 아랍어로 커피를 지칭하는 까후와 *qahwah*에서 온 것이다. 유럽에 전해진 커피는 유럽식의 여과된 커피로 새롭게 탄생했고 유럽의 식민지배와 함께 세계인의 음료가 되었다. 유럽인의 커피 음용방법은 독특했는데, 여과된 커피에 아이스크림을 넣어 마시기도 했고 술을 넣어 마시기도 했다. 커피가 세계화되면서 그 맛과 향, 그리고 종류는 더욱 다양해졌다.

아랍인의 커피

아랍인이 마시는 커피는 크게 두 종류이다. 하나는 까후와 투르키야 *qahwah turkiyah*라 부르는 터키식 커피로 북아프리카와 레반트 지역의 아랍인들이 많이 즐기는 스타일이다. 다른 하나는 아라비아 반도의 걸프 지역 사람들이 많이 마시는 까후와 아라비야 *qahwah 'arabiyah*라는 아라비아식 커피이다.

커피를 끓이는 방법은 터키식과 아라비아식이 서로 다르다. 터키식 커피는 1인용 주전자에 물, 설탕과 커피 가루를 같이 넣어 커피 물이 부르르 끓으면 넘치기 바로 직전 주전자를 불에서 떼었다 다시 올린다. 불 위에 커피 주전자를 올려놓았다가 끓을 때 떼어내기를 두세 번 반복한다. 이렇게 하는 것은 커피를 너무 끓이면 맛이 없어지기 때문이다. 다 끓인 커피는 조그만 1인용 커피 잔에 따르면 된다. 잠시 기다리면 커피 가루는 커피 액과 분리되어 가라앉는데 위의 커피 액만 마신다. 터키식 커피는 커피 가루를 완전히 걸러내지 않았기 때문에 색은 짙은 갈색이고 맛은 약간 탁하고 텁텁하다. 그러나 커피 가루에 설탕과 물이 주원료이기 때문에 커피 자체의 향과 맛을 충분히 즐길 수 있다.

터키식 커피에 관련된 아랍 지역의 재미있는 관습으로는 커피 점을 보는 것이 있다. 커피 점을 보는 방법은 간단하다. 커피를 다 마시면 커피 잔을 뒤집는다. 그러면 커피 찌꺼기가 흘러내리면서 안쪽에 무늬가 생긴다. 찌꺼기가 완전히 말랐을 즈음 잔을 바로 놓고 커피 잔 안쪽에 생긴 무늬를 읽으면 된다. 물론 신실한 무슬림 사이에서 커피 점을 보는 행위는 반종교적인 것으로 간주되어 터부시된다. 그러나 아랍인은 아침에 커피 잔에 남겨진 무늬로 하루를 점치기도 하고 가까운 미래를 점치기도 한다. 이때 커피 무늬가 새 모양이거나 사각형 모양이면 좋은 소식으로 여기고, 강이나 별 모양이면 여행수가 있으며, 뱀이면 해롭다고 본다. 물고기나 아기 모양도 좋은 운을 상징한다. 그 밖에도 삼각형은 선물이나 돈이 생길 운으로, 원 모양은 결혼 또는 승진과 같

터키식 커피(위)와 아라비아식 커피(아래)

은 행운으로, 떠오르는 태양의 모양은 꿈이 실현되는 것으로, 눈 모양은 누군가의 시기를 받는다는 것으로 해석한다.

터키식 커피와 달리 아라비아식 커피를 끓이는 방법은 좀 복잡하다. 냄비에 물을 넣어 커피 물이 끓으면 카르다몸cardamom이라는 생강과의 식물을

금가루를 뿌린 최고급 커피

넣는다. 커피포트에 장미꽃잎에서 추출한 로즈워터rose water를 넣고 사프란과 카르다몸 가루를 첨가한다. 물이 끓기 바로 직전 냄비에 기포가 생길 때 막 볶은 신선한 커피가루를 넣고 1분가량 저은 뒤 1~2분 정도 더 끓게 놔둔다. 다 끓은 커피는 실크 여과지를 이용해 커피포트에 담아 손님에게 대접하면 되는데, 이때 커피포트를 흔들어선 안 된다. 커피포트를 흔들면 아래로 침전된 커피 가루가 다시 위로 올라와 맑은 커피를 마실 수 없기 때문이다. 터키식 커피와 달리 아라비아식 커피는 커피 가루를 여과지에 걸러내기 때문에 엷은 갈색을 띤다(Al-Zayani, 2001: 174~175). 그리고 커피 가루에 다양한 향료를 첨가하기 때문에 그 맛이 풍부하다. 설탕을 넣지 않은 아라비아식 커피는 전통적으로는 대추야자와 함께 음용되었으나 오늘날에는 대추야자 씨 부분을 제거하고 이 자리에 아몬드, 젤리, 초콜릿 등을 채워 넣은 고급 대추야자나 고급 수제 초콜릿과 함께 먹기도 한다.

아랍 음료와 음식에 쓰이는 꽃잎(위)과
아라비아커피와 전통적인 커피 따르는 모습(아래)

아랍에서 제공되는 커피 잔은 우리의 소주잔보다 약간 작은 약 25ml 들이이다. 양이 적기 때문에 한 잔만으로 끝나지 않는다. 일반적으로 세 컵 정도를 마시는 것이 적당하다. 다 마시면 컵을 흔들고 테이블 위에 올려놓으면 된다. 컵 흔드는 것으로 '충분하다' 라는 의사를 표현하는 것이다. 이때 컵을 흔들지 않으면 주인은 손님에게 커피를 계속해서 대접할 것이다.

비록 커피가 탄생한 곳은 아랍 지역이라 하더라도 오늘날 아랍 젊은 이들은 전통적인 자신들의 커피보다

커피 자판기에서 판매하는 싸구려 커피

도 글로벌하고 세련된 커피문화를 더 선호하고 있다. 이들은 아랍 지역에까지 상륙한 스타벅스에서 '스타벅킹starbucking' 문화를 즐기며 커피를 마시고 있다.

아랍인과 낙타 이야기

아랍 지역에서 서식하는 낙타는 주로 단봉낙타이다. 사막 베두인에게 낙타 없는 사막생활은 상상할 수 없을 정도로 낙타는 아주 소중한 동물이다. 낙타는 사막의 베두인들에게 여러모로 쓰임새가 많기 때문이다. 낙타는 과연 어떤 동물일까?

낙타와 베두인

낙타는 아랍인에게는 의·식·주를 해결해주는 무척 소중한 동물이다. 우선 낙타는 유목민에게 영양분을 공급해준다. 아랍 베두인은 물 대신 낙타의 젖으로 갈증을 해소하고 낙타의 고기로 주린 배를 채운다. 낙타 젖에는 우유에 비해 철분이 최고 열 배가 많으며 비타민C도 세 배나 많이 함유되어 있다고 한다. 식용 이외에도 낙타 가죽은 잠자리를 제공하는 천막으로 사용되며, 낙타의 털은 피부를 보호하는 옷을 만드는 데 사용된다. 배설물조차 버릴 것이 하나도 없다. 똥은 연료로 사용되며, 오줌은 머리에 바르면 샴푸가 되고 피부에 바르면 벌레를 쫓는 약물이 된다.

낙타는 베두인에게 중요한 교통수단이 될 뿐만 아니라 유용한 교환의 수단으로도 이용된다. 예컨대 낙타는 결혼할 때 신랑 측에서 신부

측에게 지불하는 신부대금 대신 쓰이기도 하며, 누군가 자신의 가문에 속한 사람에게 손실이나 상해를 입혔을 때 피의 복수에 대한 대가로 이용되기도 한다. 또한 도박을 좋아하는 사람들에게는 판돈으로 쓰이기도 한다. 이처럼 낙타는 사막의 베두인에게 일생의 동료이자 심지어는 분신과 같다.

아랍 베두인의 낙타 사랑을 반영하는 우화도 있다. 사막을 여행하던 베두인이 날이 저물자 천막을 쳤다. 차가운 모래바람이 불자 천막 밖에서 자고 있던 낙타는 주인에게 자신의 앞다리를 천막에 들여놓기를 간청한다. 주인이 이를 허락하자 잠시 후 낙타는 자신의 머리를 천막에 들여놓기를 간청한다. 주인은 또 낙타의 부탁을 받아들인다. 그러자 꾀가 난 낙타는 차츰차츰 자신의 등과 뒷다리까지 천막 안으로 들여놓았고 결국 주인은 천막 밖으로 쫓겨난다.

물론 이 우화에서는 주인의 아둔함을 우선적으로 읽을 수 있다. 그러나 한편으로는 자신과 함께 여행길에 오른 낙타를 가족처럼 사랑하는 주인의 마음도 읽을 수도 있다. 아랍인의 낙타에 대한 사랑을 반증하듯 아랍어에는 낙타의 종류, 상태, 발육 정도에 따라 낙타를 지칭하는 단어가 굉장히 많다. 한국에서는 돼지꿈을 꾸면 복권을 사지만 아랍인은 낙타꿈을 꾸면 복권을 산다고 한다. 낙타꿈은 아랍인에게 길몽을 상징하기 때문이다.

이처럼 소중한 낙타는 도시민보다 주로 사막의 베두인에 의해 소비된다. 이들에게 낙타는 신성하며 값진 존재이기 때문에 낙타고기는 최고의 예우를 갖추는 손님에게만 특별히 대접하는 귀중한 음식으로 여겨진다. 낙타 한 마리당 약 250킬로그램의 고기를 얻을 수 있다고 한다(서정민, 2009: 47). 낙타의 부위 중에서 사람들이 가장 선호하는 부위는 기름지고 연한 낙타의 봉이나 근육이 쫄깃한 위장과 무릎 관절 부위이다. 낙타고기는 주로 라마단 달과 결혼이나 축제 때 많이 소비된다.

낙타고기의 요리법은 아주 독특하다. 낙타고기는 독자적으로 요리하기보다 다른 고기들과 함께 요리한다. 예컨대 쌀, 견과류, 향신료, 그리고 각종 양념으로 속을 채운 닭을 구운 양고기 속에 집어넣고, 그것을 다시 낙타 속에 집어넣어 요리하는 것이 있다. 이때 닭과 양은 모두 통으로 요리한다.

아랍인의 전통 물담배, 쉬샤

아랍 지역에 여행을 가면 흔하게 목격할 수 있는 장면이 있다. 카페가 즐비하게 늘어선 골목길에 아무렇게나 놓여 있는 탁자를 중심으로 삼삼오오 모여 아랍의 전통담배인 물담배를 피우는 남성들이다. 물담배는 아랍어로 쉬샤*shiyshah*, 아르길라*arghiylah*, 나르길라*narghiylah* 등 다양한 이름으로 부르는데, 물담배 문화는 아랍뿐만 아니라 전 중동 지역에 퍼져 있다. 특히 아랍 남성들 사이에서 물담배는 우리의 술 문화처럼

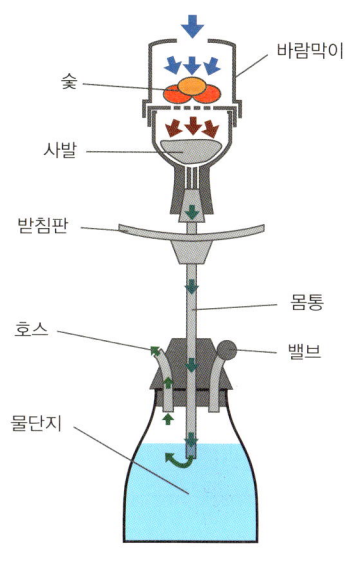

물담배

사교문화에서는 빠질 수 없이 중요하다. 물담배는 개인이 각자 피우기보다는 여러 대의 호스를 하나의 물통에 연결해 같이 피우며, 만일 호스가 한 대만 달려 있으면 서로 돌려가며 피운다. 아랍인들은 물담배 한 대를 서로 나누어 피우면서 상대편과 유대관계를 돈독히 한다.

물담배의 구조

물담배의 구조를 살펴보면 물이 담긴 물단지, 몸통, 받침판, 사발과 숯의 순서로 구성된다. 이 중 우묵한 사발에 진흙과 비슷한 형태의 담배를 담는다. 물단지에 달려 있는 호스를 물고 숨을 들이마시면 숯으로 달구어진 담배 덩어리에서 나오는 연기가 물을 통과한 뒤 바로 입으로 들어오게 된다. 여기에서 물은 담배의 각종 독소를 제거하는 필터 역할을 한다. 숯이 다 연소하면 새로 숯을 올리기만 하면 언제까지고 물담배를 즐길 수 있다. 평균적으로는 숯 1회 분량으로 40분 정도 담배를 피울 수 있고, 50회에서 많게는 200회까지 빨 수 있다. 물담배 애호가들은 물에서 각종 독소가 다 걸러지기 때문에 일반 담배보다 덜 해롭다고 주장한다. 그러나 실제로 WHO의 연구결과에 따르면 물담배는 일반 담배만큼 건강에 해롭다고 한다. 물담배의 연기는 많은 양이 한꺼번에 폐로 들어오며 피우는 시간도 일반 담배보다 길기 때문에 장시간 피우면 일반 담배보다 더 건강을 해칠 수 있다.

건강에 대한 부정적인 연구 결과가 무색하게 오늘날 아랍 지역에서 물담배를 피우는 인구 수는 더욱 증가하고 있다. 요즘에는 남성뿐만 아니라 젊은이와 여성 사이에서도 물담배가 아랍인들의 인기 있는 여가문화로 정착되었기 때문이다. 전통적인 카페나 현대식으로 꾸며진 카페 등 공공장소에서 거리낌 없이

길거리 카페에서 물담배를 피우는 남성들

쉬샤를 피우는 사람들을 볼 수 있다. 증가하는 신세대 물담배 애호가들의 입맛을 사로잡기 위해 물담배의 맛이 점점 다양해지고 있기도 하다. 여러 가지 과일 향이나 커피 향을 섞어 순화되고 깔끔한 향의 쉬샤가 등장한 것이다. 필자가 아랍 지역에 갔던 0000년에는 사과, 딸기, 바닐라, 카푸치노, 콜라 향 등이 인기 있었다. 이 중 딸기 맛이 단연 최고 인기다.

세계화의 바람을 타고 물담배 역시 국경을 넘나들고 있다. 이제는 유럽의 아랍식 카페뿐만 아니라 심지어 한국의 아랍음식점에서도 쉽게 물담배를 접할 수 있다.

음식과 아랍인의 미신

사람들은 때때로 액막이, 기복, 또는 치유를 위한 목적으로 상징적인 의미가 담긴 음식을 먹는다. 아랍 무슬림도 마찬가지로 특정한 상황에서 주술적인 의미가 담긴 음식을 먹는다. 이는 대부분 의학적·과학적인 사실에 근거한 것이라기보다 한 지역에 계승되어 내려오는 전통의학 상식에 종교적 믿음이 가미된 것이 많다. 빙의현상인 '자르'와 '시기의 눈'도 그러한 것이다.

빙의현상, 자르

무슬림이 주술적인 목적으로 음식을 섭취하는 예는 이집트, 수단, 쿠웨이트 등지에서 행해지는 '자르zaar'라는 빙의현상을 통해 볼 수 있다(Heine, 2004: 161; Al-Mughni, 2001: 50-53). 아랍어의 자르는 '방문하다'라는 뜻으로 우리말로 표현하면 '귀신이 들린 것'을 말한다. 자르는 주로

악귀를 막아주는 파띠마의 손(위)과 눈 모양의 부적(아래)

여성에게 발생하며 이때 '방문자'는 대체로 남자귀신이다. 빙의된 귀신의 종류는 다양한데 유명한 영웅신, 조상신, 외국신 등이 있다. 빙의 현상이 발생하면 여성들은 일상생활에서는 허용되지 않았던 음주나 흡연과 같은 반종교적·반사회적 행위를 한다. 특히 외국신이 들었을 때 그 정도는 심해진다. 이러한 행위의 주체는 귀신 들린 여성이 아니라 귀신이기 때문에 그 여성의 반사회적·반종교적 행위에는 죄를 묻지 않는다.

자르에 걸린 여성에게서 귀신을 쫓아내기 위해 특별한 의식이 행해지는데, 이 치유의식의 중심에 음식이 있다. 음식으로 귀신을 달래며 귀신이 나가길 기원하는 것이다. 그런데 자르를 가장하는 여성도 일부 있다. 보수적인 이슬람 사회의 분위기에서 스트레스를 받는 무슬림 여성들은 자르 행위가 사회적으로 면죄부를 받는다는 점을 이용해 귀신 들린 척하며 남편에게서 자신이 원하는 바를 얻어내기도 한다.

시기의 눈

음식과 관련된 주술적인 믿음의 또 다른 예로는 '시기의 눈evil eye'이 있다. 시기의 눈은 무의식중이든 의식 중이든 누군가의 시기가 음식에 전이되어 부러움의 대상이 되는 사람이 그 음식을 먹었을 때 그 사람을 해친다는 믿음이다. 막 출산을 한 어머니가 먹는 음식, 사람들이 칭찬하는 음식, 희소가치가 있는 음식 등이 시기의 눈에 노출되기 가장 쉽다(Yamani, 2000: 183).

시기의 눈을 피하기 위해 사람들은 먹기 직전까지 음식을 보자기에 싸놓거나 '마샤알라*mashallah*: 신이 원하는 것'를 외치며 식사를 한다. 또한 액을 막기 위해 사람들은 사도 무함마드의 딸인 파띠마의 이름을 따서 '파띠마의 손'이라고 부르는 부적을 집이나 차 안에 장식하거나 목걸이로 두르기도 한다. '파띠마의 손' 부적은 특히 북아프리카 지역 사람들이 많이 지니고 다니는데 이들은 예로부터 손가락 다섯 개, 즉 숫자 '5'가 악마의 힘을 무력화한다고 믿고 있다.

아랍인의 전통 칫솔, 미스와크

치약과 칫솔이 개발되기 전 아랍 무슬림은 어떻게 치아관리를 했을까? 우리가 전통적으로 써왔던 방법인 굵은 소금 몇 알을 손가락에 묻혀 이를 닦았을까? 아니면 그보다 더 오래전부터 애용되었던 버드나무 가지를 이용해 이 사이에 낀 음식물 찌꺼기를 제거하며 입안을 청소했을까?

전통적인 양치습관

아랍 무슬림은 전통적으로 미스와크*miswaak*라는 나뭇가지를 씹어

미스와크

양치를 했다. 미스와크는 '사카*saak*'에서 파생된 단어로 '문지르다' 또는 '비비다'라는 뜻이다. 주로 올리브와 호두나무의 가지가 미스와크로 많이 사용되었는데, 아랍인은 이 나뭇가지로 이를 문지르거나 이 사이에 낀 음식물을 제거했다. 단단한 나뭇가지를 무르게 만들기 위해 장미수에 적신 다음 물러지면 끝을 살짝 깎아내 사용했다고 한다. 이러한 치아관리 전통은 사실 이슬람 시대 이전 아랍인의 전통에서 유래한 것이다.

사도 무함마드의 언행록인 『하디스』에 따르면 무함마드는 미스와크를 이용해 양치하는 것을 매우 즐겼다고 한다. 사도 무함마드는 특히 금식을 행할 때에는 셀 수 없을 정도로 자주 미스와크를 했다고 알려져 있다. 그는 다른 무슬림에게도 미스와크로 입안을 청결히 하고 기도에 임하라고 권했다고 한다. 이를 청결히 하는 것은 마음을 강건하게 하는 것이기 때문이다. 양치와 관련된 아랍 무슬림의 전통에서만 보더라도 아랍인의 위생관념은 생각보다 굉장히 철저하다는 것을 알 수 있다.

무슬림을 사도 무함마드의 전통에 따라 오늘날까지도 기도 전이나 금식을 행할 때 또는 잠자리에 들기 전이나 모임에 참석하기 전에 미스와크를 사용한다. 그들은 미스와크가 양치질보다 잇몸병 예방에 좋다고 믿는다. 실제로 많은 연구를 통해 미스와크의 효능은 의학적으로도 입증되고 있다. 예컨대 미스와크는 잇몸병을 유발하는 박테리아와 플라크를 제거하고 입안의 악취를 없애는 데 효과적이라고 한다. 또한 미스와크를 하면 충치를 예방할 수 있으며 미각을 잘 느낄 수도 있고 이도 반짝거린다. 그래서인지 미스와크는 오늘날 무슬림 어르신들을 위한 선물용으로 많이 쓰이고 있다.

아랍인에게 허용된 마약, 까뜨

아랍 무슬림에게 허용된 '마약'이 있다. 바로 아라비아 반도의 예멘 국민 사이에 기호품으로 가장 사랑받는 까뜨qaat이다. 까뜨는 동아프리카 지역과 아라비아 반도에서 자생하는 식물로, 잎사귀에 흥분과 각성의 성분이 들어 있는 포플러의 일종이다. 까뜨의 잎사귀에는 카틴cathine과 카티논cathinone이라는 각성효과가 있어 대부분의 나라에서는 섭취가 금지되어 있다. 그러나 예멘 지역에서 까뜨는 남녀노소를 불문하고 대중적으로 소비되고 있어 가히 국민적 '중독' 수준이라 할 정도이다.

예멘인의 까뜨 소비

예멘에서 까뜨 소비의 역사는 커피보다 훨씬 오래되었다. 예멘에서 까뜨를 구하기 어렵게 되자 그 대용품으로 떠오른 게 커피였다는 일설도 있다. 까뜨를 씹으면 기분이 좋아지고 졸음이 가시며 활력이 생기기 때문에 사람들은 주로 사교의 목적으로 까뜨를 씹고 있다. 예멘인들은 모이면 이슬람교에서 엄격히 금지한 술 대신 까뜨를 함께 씹으며, 우정을 다지기도 하고 사업을 하기도 하며 정치적인 대화도 나눈다. 특히 공식 업무가 끝나는 오후 시간이 되면 카페나 길거리 그리고 집 안에서 까뜨 잎사귀를 양쪽 볼이 터질 정도로 입안 가득히 넣어 질겅질겅 씹어대는 사람들을 흔히 볼 수 있다. 까뜨는 2~3시간을 내리 씹어야 효과를 볼 수 있기 때문에 굉장히 시간을 많이 잡아먹는다. 그런데도 예멘에서는 까뜨가 사교모임에 필수적으로 등장하는 식품이 되어버렸다. 여성 중에서도 까뜨 마니아가 있을 정도이다. 이들은 까뜨를 씹기 위한 모임을 따로 구성하기도 한다. 그런데 여성들이 까뜨에 푹 빠지면서 아이들이 많은 피해를 보고 있다. 까뜨를 씹느라 아이들의 음식을 준비하거나 숙제를 봐주는 일을 소홀히 하기 때문이다.

까뜨를 섭취하는 방법은 다양하다. 생잎을 그냥 씹기도 하고 말려서 차처럼 우려먹거나 가루로 먹기도 한다. 그러나 생잎을 씹는 것이 효과가 가장 좋기 때문에 값이 가장 비싸다. 어리고 싱싱한 잎일수록 각성효과가 더욱 뛰어나기 때문에 상품성이 더 높다. 그래서 타 지역으로 운반할 때는 잎을 신선하게 보존하기 위해 바나나 잎이나 비닐봉지에 싸서 운반한다.

그런데 이토록 대중적인 까뜨 소비로 예멘 경제는 타격을 입고 있다. 예멘의 농부들은 까뜨의 재배와 판매가 쉽고 소득이 많기 때문에 자국의 주요 수출품인 커피 대신 까뜨 재배에 더욱 열을 올린다. 또한 예멘인들은 까뜨 잎사귀 구입에 월급의 상당액을 지출하기 때문에 일반 가정경제에도 부정적인 여파를 미친다. 이런저런 이유 때문에 예멘 정부는 까뜨의 소비를 줄일 목적으로 식욕부진, 무력감, 만성 변비 등 까뜨의 부작용을 홍보하는 다양한 캠페인을 벌이고 있지만 그 효과는 미미하다.

아랍인의 빵에 대한 예우, "빵은 나의 삶"

우리 어르신들이 쌀을 보물로 다루듯 아랍인이 빵을 다루는 예우는 극진하다. 빵은 고대부터 쌀과 함께 아랍인의 주식으로 자리하면서 유목민의 중요한 에너지원이었기 때문이다. 아랍인은 빵을 '삶'이라는 뜻이 담긴 '아이슈'aysh'라고 부른다. 아랍인은 빵이 바닥에 떨어졌을 경우 절대 발로 밟지 않고 주워서 먼지를 털어내고 선반 위에 올려놓거나 안전한 곳에 두면서 신의 이름을 소리 내어 말한다. 또 빵을 먹을 때는 절대 칼로 자르지 않았으며 다른 사람에게 건넬 때도 던

여러 가지 아랍빵

지는 법이 없었다.

 무함마드의 아내인 아이샤가 전하는 전승에 따르면 사도 무함마드는 빵을 양념하지 않고 그대로 먹었으며 빵에 어떤 조미료도 첨가하지 않았다. 또한 빵의 고유한 맛을 느끼기 위해 다른 음식과 함께 한 번에 입안에 넣지도 않았다고 한다(Al - Gazali, 2000: XI). 비록 사도 무함마드의 빵에 대한 전통이 그렇다 하더라도 오늘날 아랍인은 우리가 반찬과 밥을 한 번에 먹듯 빵으로 고기를 싸서 찢어 먹거나 콩이나 가지와 같은 갖가지 야채로 만든 퓨레 형태의 요리를 찍어 먹는 것이

아랍 전통빵 아이슈

대부분이다. 즉, 숟가락과 포크가 도입되기 이전까지 빵은 아랍인의 식기노릇을 톡톡히 했던 것이다.

흥미로운 것은 빵 가격이 정치와 관련 있다는 것이다. 일례로 이집트 정부는 아랍 서민들의 주식인 빵에 정부 보조금을 지급하며 물가 안정책을 시행해 왔다. 그래서 이집트에 가면 빵 가격이 정말 싸다. 한국 돈 100원에 빵 6-7개 정도는 살 수 있다. 물가는 지속적으로 오르는데 빵 값은 수십 년 동안 고정되었다. 2008년 국제적으로 밀가루 값이 오르자 이집트 정부가 빵 값을 적정선에 맞추고 공적자금을 마련하기 위해 값을 올린 적이 있었다. 그러자 생활고에 시달리게 된 이집트 서민들이 반정부 시위운동을 벌이기도 했다.

빵의 발견

아랍인이 최초로 먹었던 곡식은 밀과 보리였다. 처음에 밀과 보리는 겨울에는 지중해로부터 차고 습한 바람의 영향을 받으며, 여름에는 유라시아와 아라비아의 덥고 건조하고 타는 듯한 바람을 이기고 야생에서 아무렇게나 자라났다. 사람들은 야생곡물을 식용이 가능하도록 손질해 먹었는데, 그 방법 중 하나가 빵으로 만들어 먹는 것이었다. 처음에 고대 중동인은 야생에서 자라는 밀과 보리를 돌로 비벼 탈곡해 빵을 만들었다. 이집트에서 최초로 만들어지기 시작한 빵은 이스트를 넣지 않은 것이다. 고대 중동인은 빵의 제조법을 우연히 발견한 것이라고 알려져 있다. 어느 날 돌로 탈곡해 빚은 곡물반죽을 불 옆의 뜨거운 돌 위에 놓아두었는데 시간이 지나니 겉부분이 맛있고 바삭바삭하게 변해 이를 주식으로 먹기 시작했다는 것이다(태너힐, 2006: 62). 이집트에서는 빵을 주식으로 했기 때문에 당시의 고대 그리스 사람들은 이집트인을 '빵을 먹는 사람'이라고 불렀다. 문명의 발달로 토기를 사용하면서 점차 요리법도 다양해졌다. 사람들은 곡식에 물을 넣어 끓이기도 했으며 삶기도 했고 때로는 고기를 넣어 스튜를 만들기도 했다. 또한 빵을 맛있게 굽는 방법을 개발하기도 했다.

아랍빵의 종류

아랍인이 주식으로 먹는 빵의 종류는 크기와 두께, 그리고 그 위에 얹는 양념에 따라 다양하다. 대체적으로 모양은 둥글고 평평한 형태다. 아랍인이 주로 먹는 전통빵의 종류는 다음과 같다.

차바티스 *jabaati*
인도에서 기원한 베이킹파우더를 넣지 않은 빵으로, 걸프 지역에서 대중적으로 소비된다.

대추야자 빵 *khubz al-tamr*
대중적인 빵으로, 전통적인 단 음식^{halwah}과 아랍커피와 같이 먹으며 결혼이나 종교의식 때 또는 특별한 날에 먹는다.

얇은 빵 *khubz al-riqaaq*
집에서 만드는 전통적인 빵으로, 주로 라마단 금식 시작 전 새벽에 먹는다.

기장 빵 *khubz al-dukhan*
주로 사우디의 북부와 남부에서 소비되는 빵이다.

탄누르 빵 *khubz tannuur*
이란과 이라크 지역, 걸프 지역에서 주로 소비되는 빵으로, 탄누르*tannuur*라는 진흙으로 된 오븐에서 구워낸다. 이란에서 제빵법이 유입되어 이란 빵*khubz Iran: Iranian Bread*이라 부르기도 한다.

참깨 빵 *khubz seame: sesame bread*
참깨를 얹은 빵으로, 역시 대중적으로 소비된다.

빵 이외에도 아랍인은 마카로니, 스파게티 같은 밀가루 음식을 식탁에 자주 올린다. 아랍인의 국수요리는 오늘날 아랍 중산층의 식탁에서 흔히 볼 수 있는 것으로, 압바스 시대의 요리책에도 등장할 정도로 아주 역사가 오래된 것이다. 아랍인은 국수만 따로 요리해 먹기보다는 주로 수프나 다른 요리에 추가해 식탁에 올렸다. 그런데 중세 이후 국수요리법이 사라졌다가 근대 이후 이탈리아에서 마카로니가 수입되면서 아랍인의 식탁에 재등장하기 시작했다. 그래서 오늘날 아랍에서 먹는 국수요리, 즉 파스타는 외국음식으로 간주되며 조리법은 이탈리아식을 따르고 있다.

중동에서 탄생한 요구르트

우리가 즐겨 먹는 요구르트의 기원은 중동이다. '요구르트'라는 말은 터키어에서 기원한 것이며, 아랍에서는 라반*laban*, 인도에서는 다히*dahi*, 아르메니아에서는 맷준*madzoon* 또는 *matsun*, 이란에서는 마스트*mast*라 부른다. 요구르트는 16세기에 서유럽에 소개되어 오늘날에는 세계적인 음식이 되었다. 글로벌 유제품인 요구르트를 지역에 따라 어떻게 부르든 중요한 것은 아랍음식에 빠짐없이 등장한다는 것이다. 그렇다면 유제품은 언제부터 만들어졌을까?

요구르트의 기원

결론부터 말하자면 유제품의 기원은 여러 설이 있을 뿐 분명치 않다. 알려진 것은 기원전 4000년경 지금의 팔레스타인 지역에서 우유의 가공에 쓰인 토기와 그 기술에 대한 자료가 남아 있다는 것이다(채정자 역, 1994: 24). 당시 유제품을 만드는 그릇은 군함형 토기라고 하는 것인데 길이 70센티미터, 폭 8~30센티미터의 원통형이며 양쪽 귀에는 각각 구멍이 뚫려 있다. 이 구멍을 줄로 연결해 나무에 매달아 앞뒤로 흔들면 우유의 지방이 응고되기 시작하는데 이것이 버터이다. 또한 우유에 유산균을 넣어 발효하면 크림 상태의 요구르트가 되고, 굳은 우유를 발효시키면 치즈가 된다.

유제품의 기원에 관한 여러 가지 설 중 가장 유력한 것은 사막을 건너던 유목민이 우연히 발견했다는 것이다. 당시 유목민은 우유를 보관할 그릇이 여의치 않았기 때문에 동물 가죽을 우유 담는 용기로 사용했다.

어느 날 유목민이 가축의 위로 만든 주머니에 우유를 넣어 낙타의 등에 싣고 여행길을 떠났다. 가죽 안에 든 우유는 더운 날씨와 낙타가 타박타박 발걸음을 옮기는 일정한 리듬에 맞추어 안에서 출렁출렁 움직였다. 우유는 일정한 움직임과 주머니 안의 열기, 그리고 가축의 위장으로 만든 주머니에서 나온 박테리아lactobacillus 때문에 그 성질이 변했으며 응고되었다. 유목민이 먹어보니 맛은 시큼했으나 아무 탈도 나지 않았다고 한다. 이렇게 해서 오늘날 우리가 즐겨 먹는 요구르트가 탄생한 것이라는 설이다.

사막의 유목민에게 유제품은 특히 중요한 영양 공급원이었다. 유목민은 단백질, 지방, 비타민 A와 B는 충분히 섭취할 수 있었으나, 사막에는 신선한 과일과 야채가 매우 희귀했기 때문에 비타민을 제대로 공급받을 수 없었다. 그래서 비타민C 결핍증인 괴혈병으로 사망하는 경우가 많았다(태너힐, 2006: 170-172). 유제품의 발견으로 비로소 유목민이 비타민을 제대로 섭취할 수 있게 된 것이다.

유제품은 오늘날 아랍음식에서 없어서는 안 될 중요한 재료이다. 유제품은 애피타이저, 샐러드, 주요리, 디저트에 광범위하게 사용되기 때문이다. 그런데 아랍인이 먹는 요구르트는 한국에서 먹는

전통 유제품을 만드는 기기(위)와 다양한 종류의 치즈(아래)

것과 맛에서 차이가 상당하다. 우리가 즐겨 먹는 떠먹는 요구르트는 젤라틴을 비롯한 각종 첨가물이 가미되어 달짝지근하지만, 아랍 요구르트는 시큼털털하다. 그런데 자꾸 먹다 보면 아무것도 첨가되지 않은 아랍의 순수한 요구르트 맛에 끌리게 된다. 아랍인은 심지어 요구르트를 아랍식 밥에 비벼 먹기도 한다. 거부감이 들기도 하겠지만 한국에서 볶음밥에 김칫국물을 얹어 먹는 것과 같은 원리라고 볼 수 있겠다.

세계인의 음료, 맥주의 기원은 중동

호기심 많고 꿈 많던 대학 시절 이집트로 아랍어 연수를 떠날 준비를 하던 때이다. 처음으로 방문하는 아랍국가라 여러 가지 사전 지식이 필요했다. 교수님과 선배들로부터 이집트는 이슬람 교리 때문에 술을 금기시한다고 사전 교육을 받았다. 비밀경찰의 단속이 심하기 때문에 공공장소에서는 절대 술을 마실 수 없을뿐더러 구입할 수도 없다는 것이었다. 그런데 막상 이집트에 도착하니 속았다는 생각이 들었다. 선배들이 겁을 주려고 했던 말과 달리 이집트에서는 스텔라라는 국내산 맥주를 술집에서 버젓이 팔고 있었다. 이집트에서 생산된 맥주는 주로 기독교인에 의해 유통되는 것이었다. 이집트에 같이 간 선배들의 경고는 거기서 끝나지 않았다. 그 맥주를 잘못 먹으면 눈이 먼다는 것이었다. 과연 이집트에서 구입한 스텔라는 한국에서 팔리는 병맥주에 비해 외관이 꽤 허술해 보였으며 심지어 맥주의 양도 병마다 각각 달랐다. 정말 스텔라를 마시면 눈이 멀 것 같아 슬그머니 한쪽으로 밀어 놓았던 기억이 있다. 알고 보면 이집트에서 생산되는 맥주의 기원은 고대로 거슬러 올라갈 정도로 우리와는 비교도 할 수 없는 긴 역사와 전통을 자랑한다.

맥주의 역사

이슬람교의 출현으로 금지가 되었으나 맥주는 고대부터 이 지역 사람들이 일상적으로 마시는 음료였다. 고대 중동인은 맥주를 기원전 3000년경부터 마시기 시작했다. 맥주를 여러 종류로 빚어 빨대 역할을 하는 관이나 짚으로 마시는 모습이 메소포타미아 지역의 수메르인 점토판과 이집트 벽화에도 기록되어 있을 정도이다. 맥주를 관을 이용해 마셨던 것은 음료수 위에 건더기가 떴기 때문이다. 함무라비 법전에도 맥주에 대한 기록이 네 부분에 걸쳐 나타나 있다. "맥주 대금을 곡물로 받지 않고 은으로 받는다거나 곡물의 분량에 비해 맥주의 분량을 줄인 경우는 맥주를 판 술집 여자를 물속에 던진다"(채정자 역, 1994: 28)는 내용이다.

이처럼 고대까지 거슬러 올라가는 맥주 제조의 역사는 빵 문화와 관련이 있다. 고대 중동인은 맥주를 만들기 위해 먼저 보리를 발아하도

이집트의 현지 맥주 스텔라(위)와, 전통 아랍 술 아락(아래)

록 방치했다가 말려서 가볍게 빻아 으깼다. 그것을 더운물에 담갔다가 건더기를 걸러내고 남은 액체를 발효되도록 놓아둔다. 이를 말려서 빻은 가루는 밀가루와 같은 역할을 하는데, 이 가루로 반죽을 만든 다음 약간 구워 그 덩어리를 부수어 물에 담가두었다. 그 혼합물을 하루 정도 방치하여 발효시킨 후 걸러내면 맥주가 되는 것이다.

맥주의 맛은 만드는 사람에 따라 달랐는데, 양조업자마다 파는 맥주 빵의 양념과 풍미도 달랐다. 노동자들은 맥주를 노동의 대가로 받기도 했다. 그런데 보리 생산이 충분하지 않은 메소포타미아 지역의 주민은 맥주를 계속 마실 수 있었던 나일 강 주변 주민과 달리 대추야자로 술을 빚어 마셨다. 이 술이 바로 아랍 지역의 전통주인 '아락 *araq*'이라는 술이다. 아락은 도수가 높기 때문에 주로 물이나 얼음으로 희석해서 먹는데, 물을 섞으면 투명하던 색깔이 흰색으로 바뀐다. 이 흰 빛깔 때문에 아락에는 '사자의 우유'라는 별명이 붙었다.

한국의 증류주인 소주도 제조법이 아락의 제조방법에서 기원한 것이다. 아랍인의 증류주는 몽골을 통해 한반도로 건너와 국민주인 소주로 탄생했다. 칭기즈칸의 손자 쿠빌라이가 일본 원정을 목적으로 한반도에 진출했을 때 원정군의 본영이던 개성과 전진기지가 있던 안동, 제주도에서 처음으로 소주가 빚어졌다(정수일, 2008: 340). 아락은 아랍어로 '증류'를 뜻하며 기원전 3000년경 메소포타미아 지역에 거주하던 수메르인에 의해 처음 만들어졌다. 몽골은 압바스 이슬람 제국을 침략했을 당시 농경민인 서아시아인에게 양주법을 배웠다고 한다.

고대부터 아랍인이 즐겨 마시던 맥주와 아락은 아랍 지역의 이슬람교 전파와 함께 공식적인 자리에서는 사라졌다. 비록 무슬림에게 금지된 품목이지만 맥주와 아락은 현재까지도 아랍 지역에서 여전히 생산되고 있다.

3

'따로 또 같은' 아랍 각 지역 음식과 문화

아 랍 식 탁 이 야 기 Ⅲ

열려라, 참깨!

아랍인도 우리처럼 참깨를 아주 좋아한다. 아랍인은 참깨를 짜서 기름으로 먹기도 하고 통깨는 빵에 뿌려 구워 먹기도 한다. 특히 참기름은 고소해서 음식의 맛을 돋우면서도 잘 변하지 않아 아랍처럼 더운 지역에서 사용하기에 적합한 기름이다. 아랍인 중 유달리 참기름을 사랑한 사람들은 유대인이었다. 이들은 음식에 참기름을 많이 사용해, 밥 지을 시간이 되면 담 밖으로 참기름의 고소한 냄새가 골목골목으로 풍겨나갔다. 그래서 사람들은 밥 짓는 시간에 어느 집에서 참기름 냄새가 나면 그 집에 유대인이 산다고 간주했다고 한다.

일설에 의하면 참깨는 이집트에서 발견되어 전 중동지역으로 퍼졌으며, 중동의 뜨거운 날씨에도 잘 상하지 않았다고 한다.

이 때문에 예로부터 아랍인은 참깨에 주술적인 의미를 부여했고, 그래서 참깨는 마법과 주술 용어에 많이 등장하게 되었다고 한다. 『알리바바와 40인의 도둑』 이야기에 나오는, 보물을 숨겨놓은 동굴을 열 수 있는 주문이 '열려라, 참깨'인 것도 이와 관련이 있을 법하다. '열려라, 참깨'는 아랍어로는 '이프타흐 야 씸씸*iftah ya simsim*'이다.

이주민이 주도하는 걸프 지역의 음식문화

제1장에서 살펴본 대로, 아랍 지역은 문화적 정체성에 따라 크게 걸프 지역, 레반트 지역, 북아프리카 지역을 포함한 세 블록으로 나뉜다. 이 중 걸프 지역의 음식부터 살펴보자. 걸프 지역에는 사우디아라비아·바레인·쿠웨이트·카타르·아랍에미리트·오만·예멘이 포함된다.

걸프 지역 음식의 특징

걸프 지역의 전통적인 음식문화는 아주 무미건조하다. 척박한 사막기후의 영향으로 채소와 과일, 곡물이 거의 재배되지 않기 때문이다. 사우디아라비아와 오만을 제외한 걸프 지역 국가들은 토지의 90%가 사막이다. 게다가 물 부족, 농작 가능한 노동인력 부족, 도시화에 따른 경작지 감소로 대부분의 식량을 해외로부터 수입하고 있다. 그 때문에 걸프 지역의 음식문화는 자체적으로 발달하기보다 타 지역에 의존해야 했다.

불행 중 다행인 것은 고대부터 걸프 지역은 인도와 지중해를 연결하는 가교 역할을 하면서 타 지역 음식문화의 유입이 비교적 용이했다는 점이다. 특히 걸프 지역은 고대 향료무역의 중심점에 있었기 때문에 향신료 문화가 발달할 수 있었다. 그중 향신료 교역국이던 이란, 인도,

파키스탄의 음식의 영향을 많이 받았다. 이러한 배경을 바탕으로 걸프 지역의 음식문화에는 사막 유목민의 단순한 전통 조리법과 인도나 이란, 파키스탄 지역으로부터 유입된 향신료를 사용한 조리법이 공존한다는 특징이 있다. 그런데 이들의 식탁도 1960~1970년대에 유입된 막대한 오일달러로 인해 급변하게 된다.

석유 발견과 음식혁명

걸프 지역은 1960년대와 1970년대에 음식문화의 일대 혁명기를 맞이한다(Al-Zayani, 2001: 7). 오일달러 덕분에 경제력이 향상한 걸프 지역 거주민은 세계 각지에서 다양한 음식을 수입할 수 있게 되었다. 수입한 음식 중 특히 1990년대 이래 이 지역에 소개된 패스트푸드는 걸프 지역 젊은이들의 전통 입맛을 서구식으로 변화시키는 데 많은 영향을 끼쳤다. 예컨대 젊은이들은 견과류와 대추야자 대신 탄산음료, 감자튀김, 팝콘, 초콜릿과 캔디, 피자, 햄버거, 닭튀김, 소시지 등을 더 많이 먹게 되었다(Musaiger, 1993).

글로벌 다이어트 현상 역시 걸프 지역 사람들의 음식문화 변화에 영향을 미치고 있다. 전통적으로 아랍 지역의 음식은 고지방, 고칼로리이며 맛이 아주 짜거나 달아서, 당뇨와 고혈압은 국민 질병이라고 할 정도로 흔한 병이었다. 그런데 최근 건강에 대한 염려로 저지방 재료와 저칼로리 조리법을 선호하는 경향이 생겨났다. 동물성 기름 대신 식물성 기름을 사용하며, 양고기나 쇠고기 같은 붉은 살의 육류 대신 닭고기나 생선의 소비를 늘리고 있다.

사람들의 이동 또한 걸프 지역 음식문화에 많은 변화를 가져왔다. 오일달러의 유입으로 이 지역을 벗어나 발달된 서구로 유학하거나 여행하는 사람이 많아졌다. 새로운 문화를 접한 사람들은 본국으로 귀환할 때 외국에서 습득한 식생활과 조리법을 들여와 아랍의 전통식탁에 가미했다(Al-Zayani, 2001: 7). 사람들은 아침식사로 전통 빵보다 크루아상에 커피를 선호했으며, 서구식 아침식사는 곧 엘리트 문화의 상징이 되었다.

사회변화는 꼭 위에서 아래로 이루어지지만은 않는다. 음식문화도 예외일 수는 없다. 오늘날 걸프 지역에서는 사회의 최하층으로 구성된 아시아 이주민이 걸프 지역 거주민의 음식문화 변화를 주도하고 있다. 오일 붐이 일자 세계 각국의 노동인력이 걸프 지역으로 유입되었고, 이들 중 서구로부터 유입된 일부 화이트칼라 상류층 노동인력을 제외하곤 대부분 걸프 지역 거주민이 꺼리는 3D 업종에 종사했다. 당시 한국인들도 상당수 걸프 지역 건설현장에 투입되어 외화벌이를 톡톡히 했다. 이러한 상황에서 걸프 지역 사람들과 고대부터 교류를 하며 이들의 음식문화를 잘 아는 인도와 파키스탄 등 동남아 출신의 저렴한 노동인력이 걸프 지역의 부엌을 차지하기 시작했다. 이들 덕분에 걸프 지역 여성들은 가사노동에서 해방될 수 있었다. 그러나 부엌일을 도맡게 된 아시아 이주민 여성들이 전통적인 아랍인의 식탁에 자신들의 음식 맛을 추가하면서 궁극적으로 걸프 지역 사람들의 입맛을 변화시키는 데 일조하고 있다.

걸프 지역의 대표적인 음식

걸프 지역은 국가에 상관없이 음식문화가 서로 흡사하다. 이들은 주식으로 빵보다 쌀밥을 좀 더 선호한다. '버터로 요리한 쌀은 천국에 들어간 사람이 먹는 음식'이라는 아랍 속담이 있을 정도로 쌀에 대한 애정은 각별하다. 이들은 쌀을 주로 인도, 파키스탄, 이란, 타이 등에서 수입한다. 걸프 지역에서 오일 붐이 일어나기 전까지만 해도 쌀은 고급 음식으로 분류되어 부자들의 식탁이나 특별한 날에만 제공되었으나, 이제는 대중적인 음식재료가 되었다. 걸프 지역에서는 쌀이 끼니마다 제공되기 때문에, 이집트와 시리아에서 빵을 지칭할 때 쓰는 아이슈, 즉 '삶'이라는 표현을 쌀에도 쓰고 있다(Zubaida, 2000: 93). 쌀은 요리의 가장 기본으로, 주로 버터에 볶아 고기나 생선과 함께 내놓는다.

타 아랍 지역에 비해 걸프 지역은 바다가 인접해 있기 때문에 생선이 많이 소비되는 편이다. 생선은 특히 석유 발견 이전에는 육류가 비싸 쉽게 먹을 수 없는 사람들에게 콩과 함께 주된 단백질 공급원이었다. 생선 요리법은 크게 세 가지로, 굽거나 튀기거나 건조시키는 방법이 있다. 또한 걸프 지역에는 이란 이주민에 의해 정착된 염장법이 발달했는데, 한국의 젓갈과 같은 염장법의 원리로 만든 생선 소스인 메히와 *mihyawah*와 타레 *tariyh*가 유명하다.

걸프 지역의 음식으로 대표적인 것으로는 알-꾸지 *al-quuzi*가 있다. 알-꾸지는 손님을 초대했을 때나 명절 때 환대와 관대의 상징으로 양 한 마리를 통째로 구워서 내놓는 요리이다. 이 외에도 걸프 지역의 대표

쌀과 각종 곡식을 파는 상점

고기잡이배(위)와 걸프 지역 어시장(아래)

삼부사를 만드는 요리사

음식으로는 고기, 생선, 닭, 새우 등을 쌀과 함께 조리해 내놓는 마추부스*machubous*, 마추부스와 요리법이 비슷한 인도 음식인 브리아니*briyaani*, 베두인의 전통음식으로 고기와 야채와 함께 조리된 밀가루 음식 알-마르쿠끄*al-marquq*, 만두와 비슷하게 생긴 삼각형 모양의 음식으로 인도에서 유래한 삼부사*sambuusah*, 석유 발견 이전 걸프 지역 사람들이 진주 채취와 고기잡이 나갈 때 주된 단백질 공급원이었던 콩 요리가 있다. 이 중 삼부사는 걸프와 인도 지역을 오가던 무역선과 영국 배를 통해 전해진 이래 아랍의 대표 음식이 되었다. 삼부사에는 고기와 치즈 혹은 달걀과 치즈 등으로 다양한 종류의 소가 들어가며, 그에 따라 삼부사의 종류는 애피타이저류와 디저트류로 나뉜다. 이 밖에도 인도에서 유래한 쿠프타*kuftah*와 케밥*kabaab* 등이 있는데, 이러한 요리들은 다른 아랍 지역에서도 즐겨 먹는 대중 요리이다.

인도와 파키스탄 음식의 영향을 많이 받은 걸프 지역에서는 다른 지역에 비해 음식에 향신료를 많이 첨가하는 편이다. 우리의 조미료처럼 다양한 향신료를 한 통에 섞어 만든 양념으로 음식의 맛을 내기도 한다. 이 양념 통에 들어가는 향신료의 주성분은 검은 후추열매, 커민

향신료 시장

씨, 말린 코리앤더, 시나몬 스틱, 정향나무, 말린 생강, 카르다몸, 말린 후추, 심황 등이다.

그 밖에 걸프 지역 거주민이 즐겨 먹는 디저트로는 라마단 때 먹는 튀긴 과자를 시럽에 묻힌 알 - 라가마 *al-lagamah* 또는 루끄마 알 - 까디 *luqmah al-qadhi*, 이란에서 유래한 알 - 랑게나 *al-rangenah*, 결혼식 때 아랍과 터키, 파키스탄, 인도 등에서 먹는 꽈배기 모양의 과자인 알 - 잘라비야 *al-zalabiyah*, 걸프 지역 전통의 튀긴 팬케이크인 알 - 칸파로슈 *al-khanfaroosh*, 삼부사의 한 종류로 결혼식과 축제 때 먹는 달콤한 맛의 알 - 삼부사 알 - 헬와 *al-sambuusah al-helwah* 등이 있다.

다문화적인 북아프리카 지역의 음식문화

서쪽으로부터 모로코, 알제리, 튀니지, 리비아, 이집트, 수단이 포함된 북아프리카 음식의 특징은 한마디로 다문화적이라는 것이다. 이 지역은 크게 유목민인 베르베르인의 음식을 바탕으로 고대 로마와 아랍의 영향을 받아 풍요로운 음식문화가 발달했다. 특히 7세기 이후 이 지역을 정복한 아랍의 영향으로 북아프리카 음식에는 사프란, 육두구, 시나몬, 생강, 정향나무 같은 다양한 향신료가 첨가되기 시작했으며, 오스만투르크 시대에는 터키로부터 달콤한 패스트리와 빵 종류가 이 지역에 소개되기도 했다. 이후 19세기부터 본격적인 서구의 식민시대가 열리자, 이탈리아의 지배하에 들어간 리비아를 제외한 모로코, 알제리, 튀니지는 프랑스 음식문화의 영향을 많이 받게 되었다. 오늘날까지도 북아프리카 지역 아랍 무슬림의 식탁에서는 유럽의 자취를 찾아볼 수 있다. 일례로 프랑스인의 빵인 바게트와 이탈리아의 대표음식인 파스타가 아랍의 전통빵인 아이슈와 쌀을 대신해 아랍인의 식탁에 자주 오르고 있다.

북아프리카 음식에 쓰이는 주재료는 쿠스쿠스, 토마토, 올리브기름, 고추 등이다. 이 중 쿠스쿠스couscous는 북아프리카 음식에 공통적으로 사용되는 곡식으로 고대 카르타고인의 전통 음식재료로 사용되던 것이었다. 쿠스쿠스의 성분은 밀과 그 부산물인 세몰리나semolina로 되어 있으며 알갱이가 굉장히 작고 부드럽다. 쿠스쿠스는 베르베르어로 수증기가 곡물을 통과할 때 나는 소리에서 나온 의성어라고 한다. 쿠스쿠스는 리비아를 중심으로 서쪽 지역인 모로코, 알제리, 튀니지에서는 국민음식으로 간주되어 전채요리, 주요리, 디저트에 이르기까지 광범위하게 사용된다. 그러나 리비아를 중심으로 그 동쪽에 위치한 이집트와 수단에서는 자주 식탁에 오르지 않는다.

걸프 지역의 음식문화가 국가를 초월해 서로 비슷한 음식문화를 공유하는 반면 북아프리카의 음식문화는 국가별로 특징이 뚜렷하다. 예컨대 모로코는 우아한 궁중스타일 음식이 발달했으며, 튀니지는 열정적이고 자극적인 음식이 특징이고, 이집트, 알제리, 리비아, 수단은 단순하고 소박한 음식이 특징이다.

각 국가별 특징을 보면 다음과 같다.

모로코 음식

북아프리카에서 가장 서쪽에 위치한 모로코의 음식은 타 지역에 비해 굉장히 세련되고 화려하다. 모로코는 중세 아랍 궁정요리의 전통을 이어받았고, 지리적으로 가까운 스페인 남부의 음식문화에서 영향을 많이 받았기 때문으로 보인다. 스페인 남부 지역은 8세기 우마이야 가문 출신의 왕자가 압바스 제국이 들어설 때 탈출해 이슬람 제국을 건설한 곳이다. 이곳에서 이슬람 문화는 유럽의 옷을 입고 안달루스라는 문화의 꽃을 다시 한 번 피우게 된다. 모로코는 유럽의 이슬람 문화권인 스페인의 안달루스와 문화적 공감대를 형성했기 때문에 유럽의 음식문화를 수용하는 것에 그리 거부감이 크지 않았다.

모로코에서 사탕수수와 대추야자가 재배되는 남쪽은 과자류로 유명하고 산악 지역은 견과류와 사과, 무화과, 석류와 같은 과일로 명성이 높다. 잘 보관된 레몬은 모로코 음식의 향을 내는 주재료로 사용된다. 모로코 사람들은 박하, 올리브유, 레몬주스, 오렌지주스 등에 절인 양고기를 좋아하며, 북부지역 사람들은 미나리와 비슷한 식물인 코리앤더와 마늘을 양념으로 잘 사용한다.

전통적인 모로코의 음식으로는 하리라*harira*가 있다. 하리라는 밀가루와 달걀을 섞어 걸쭉하게 만든 닭고기 수프로 만드는 방법이 다양하다. 그 밖에도 모로코의 대표적인 음식으로는 거친 밀가루, 소금과 물로 만든 쿠스쿠스가 있는데, 이는 다양한 요리에 첨가되어 메뉴를 더욱 풍성하게 만든다. 양고기나 닭고기를 단맛과 신맛이 나도록 요리한 수프인 따진*tagin* 역시 모로코의 대표음식으로 꼽힌다. 따진이라는 이름은 이 음식을 요리하던 얇고 둥근 모양의 진흙으로 된 그릇에서 유래한 것이다.

튀니지 음식

북아프리카에 위치한 국가 중 가장 작은 나라인 튀니지의 음식은 '태양의 음식'이라 부를 정도로 이 지역에서 가장 맵다. 튀니지인은 고추, 마늘, 말린 토마토, 소금, 올리브유 등으로 만든 하리사*harrisa*라는 매운 양념을 끼니때마다 식탁에 올려 수프나 죽에 첨가해 먹는다. 바다에

접해 있다는 지정학적 혜택으로 튀니지인은 고기뿐 아니라 새우, 참치, 정어리, 숭어와 문어를 포함해 생선류도 즐길 수 있었다. 음식에 쓰이는 양념은 대부분 커민, 캐러웨이, 시나몬, 장미꽃봉오리로 한다. 다른 북아프리카 지역과 마찬가지로 튀니지 음식은 식민지배를 당했던 프랑스 음식문화의 영향을 많이 받았다. 그래서 튀니지인은 아랍의 전통 빵보다 바게트 빵을 주식으로 삼는다.

알제리 음식

다른 나라와 마찬가지로 알제리 음식은 알제리의 역사를 고스란히 반영한다. 현대 알제리 음식은 고대부터 이 지역에 뿌리내리고 산 베르베르인의 음식, 7세기부터 이 지역을 지배했던 아랍 무슬림 그리고 오스만투르크의 음식, 19세기에 알제리를 정복한 프랑스의 음식 등이 모두 뒤섞여 있다. 다시 말해 알제리 사람들은 베르베르 사람들로부터 쿠스쿠스를, 아랍 무슬림으로부터 사프론, 육두구, 생강, 마늘, 시나몬과 같은 향신료가 첨가된 음식문화를, 오스만투르크로부터 패스트리를, 프랑스로부터 바게트 문화를 받아들였다. 그래서 유럽적이면서도 아랍적이며 또 아프리카의 맛이 혼합된 것이 알제리 음식문화의 특징이다.

이집트 음식과 수단 음식

이집트는 지중해 건너 유럽과 주변의 아랍국인 시리아와 레바논의 영향을 받아 다양하고 풍부한 음식문화가 발달할 수 있었다. 또한 이집트 음식은 터키 음식과 상당히 비슷한데, 1517년 이집트가 오스만투르크에 병합된 이래 오스만투르크의 술탄의 궁에서 요리되던 음식 조리법이 그대로 이집트에 전수되었기 때문이다. 그 후 오스만투르크가 해체되자 많은 수의 궁정 요리사가 이집트로 건너와 음식과 관련된 일을 하면서 서민적인 이집트 음식에 궁중음식의 세련미를 더할 수 있었다(Roden, 2005: 141).

이러한 이집트 음식문화 발전의 배경 뒤에는 나일 강의 축복이 있다. 이집트 사람들은 물 부족에 시달리던 다른 아랍 지역과 달리 고대부터 다양한 과일과 채소를 접할 수 있었다. 무화과, 대추야자, 사탕수수, 딸기, 수박, 망고, 석류, 포도, 부추, 양파, 마늘, 양배추, 오이, 무, 양상추, 잠두콩, 순무 등을 재배했다.

이집트의 가장 대표적인 음식은 파라오 시대까지 거슬러 올라가는 수천 년의 역사를 자랑하는 콩 요리인 풀 마다마스 *fuul madamas* 이다. 천천히 푹 익힌 잠두콩에 올리브유, 레몬즙, 마늘, 향신료를 섞어 만든 풀은 고대부터 지금까지 서민들의 대표적인 아침식사로 자리 잡고 있다. 코샤리 또한 이집트인의 대표적인 음식으로 파스타, 쌀, 렌즈콩을 토마토소스에 섞어 튀긴 양파를 얹어 먹는 것이다. 과거에는 가난한 사람들의 식사로 여겼으나 오늘날에는 전 국민이 사랑하는 이집트인의 대표음식이 되었다. 그리고 우리의 동그랑땡과 비슷한 튀김요리를 빵에 얹

풍성한 이집트의 야채시장과 과일시장

따아미야를 만드는 모습(위)과
민트티(아래)

고 야채와 소스를 곁들인 따아미야 등이 있다. 이집트는 다른 아랍 지역에 비해 고기를 많이 먹지 않는다. 대신 양파와 콩을 많이 섭취하는데, 나일 강과 델타 지역에서 채소와 과일이 많이 생산되기 때문이다.

수단 음식은 이집트와 에티오피아의 퓨전음식이다. 수단 음식의 특징은 타 북아프리카 음식과 샴 지역과 비교해 쌀을 적게 넣고 향신료를 많이 넣는 점이다. 무더운 기후에서 음식이 부패하는 속도를 늦추기 위해서다. 북아프리카 사람들이 즐겨 마시는 대중적인 음료로는 터키식 커피와 민트티가 있다. 민트티는 차에 박하 잎과 설탕을 넣어 마시는 것으로, 박하향이 은은하게 풍겨 맛이 무척 상큼하다.

리비아 음식

리비아 음식은 아랍세계에서는 그리 주목받지 못했다. 북아프리카의 다른 나라와 마찬가지로 이 지역의 음식은 원주민의 전통음식에 아랍과 지중해 지역의 영향을 받았다. 타 국가와 구분되는 리비아 음식의 가장 큰 특징은 아랍국가에서는 유일하게 이탈리아의 지배를 받았다는 것이다. 그래서 이탈리아를 상징하는 파스타는 리비아에서도 역시 국민 주식이라 일컬을 정도로 가장 흔하게 식탁에 오르는 음식이다. 리비아는 역사적으로 트리폴리를 중심으로 한 트리폴리타니아 Tripolitania와 벵가지를 중심으로 한 키레나이카 Cyrenaica로 나뉘는데, 이 두 지역의 중앙에 위치한 시트르 Sitre는 쿠스쿠스 라인으로 알려져 있다. 즉, 이곳을 중심으로 서쪽 지역은 쿠스쿠스를 많이 먹는 지역, 그리고 동쪽 지역은 그다지 많이 먹지 않는 지역으로 구분되는데, 동쪽 지역의 음식은 이집트 음식과 상당히 비슷하다. 가장 대표적인 리비아 음식은 토마토소스를 넣은 잘게 썬 양고기와 야채요리에 계란을 얹은 샤크슈카 shakshuukah가 있다.

다채로운 샴 지역의 음식문화

레바논, 시리아, 요르단, 팔레스타인, 이라크를 포함한 샴 지역은 레반트 혹은 '비옥한 초승달 지역'이라 부르기도 한다. 이 지역 국가는 서구로부터 독립한 이래 현재는 개별 국가로 쪼개졌지만, 그 이전에는 하나의 지역으로 묶여 음식문화를 공유했다.

이 지역 음식은 아랍음식의 대표로 간주될 정도로 매우 세련되고 다양하다. 그렇게 된 이유는 첫째, 풍성한 야채와 과일을 재배할 수 있는 비옥한 토양과 온화한 기후 때문이다. 둘째, 우마이야 시대 시리아의 다마스쿠스와 압바스 시대 이라크의 바그다드를 배경으로 한 이슬람 제국이 번성했던 지역이다. 셋째, 중세 이슬람 시대 타 민족의 유입, 그리고 식민제국의 경험 등을 바탕으로 한 타 지역과의 교류가 활발했다.

샴 지역 음식의 가장 큰 특징은 애피타이저용으로 빵을 찍어 먹는 다양한 멧제*mezzeh*가 발달했다는 것이다. 멧제에는 콩이 주원료인 훔머스, 팔라필*falaafil*, 풀*fuul*과 요구르트가 주원료인 라반*laban*, 그리고 아랍인들이 가장 사랑하는 채소인 가지를 갈아서 올리브유와 향신료를 첨가한 바바가누스*baabaa ghanuus* 등이 있다. 샴 지역 음식재료 중 가장 중요한 것은 올리브유, 마늘, 레몬즙으로, 거의 모든 음식에 이 재료가 들어간다. 음식 조리법은 주로 오븐이나 그릴에 굽거나, 올리브유에 절이는 것이다. 샴 지역 음식에는 버터와 크림을 잘 사용하지 않고 채소는 주로 날로 먹는다.

각 국가별 음식의 특징은 다음과 같다.

레바논 음식

레바논 음식은 중동 지역에서 가장 세련되고 인기 있는 음식으로 정평이 나 있다. 레바논 음식은 중동 지역의 터키, 시리아, 팔레스타인, 요르단 음식과 상당히 유사하다. 레바논은 유럽으로부터도 새로운 조리법을 많이 받아들였는데, 레바논에서 다수를 차지하는 기독교인들은 유럽의 문화를 받아들이는 데 거부감이 없었을 뿐 아니라 근대에는 프랑스령에 편입되었기 때문에 프랑스의 발달된 음식문화도 수용할 수 있었다. 또한 레바논의 날씨도 이 지역 음식문화 발달에 한몫한다. 온화한 지중해성 기후 덕에 레바논에서는 각종 채소와 과일이 풍성하게 생산된다. 해변의 평평한 지역에서는 대추야자, 바나나, 감귤류, 사탕수수를 재배하고, 높은 지대에서는 살구, 체리, 복숭아, 자두, 헤이즐넛과 호두를 재배하며, 계곡에서는 밀을 생산한다. 레바논 요리는 신선한 과일과 야채, 해산물로 다양성을 더하고 있다.

레바논은 이슬람 문화권이지만 기독교인이 다수이므로 술 문화에 관대한 편이다. 레바논의 대표음식인 멧제의 탄생 역시 아랍인의 전통주 아락과 무관하지 않다. 전해오는 이야기에 의하면 레바논의 베카 계곡이라는 곳에서 멧제가 처음으로 탄생했다고 한다. 강이 있고 공기가

레바논의 전통 애피타이저(위)와 식사 전 꼭 제공되는 푸성귀(아래)

맑은 베카 계곡은 시리아 다마스쿠스로 여행 가는 사람들이 거치는 곳이었다. 여행객이 많이 드나들었기 때문에 베카 계곡에서는 숙식업이 발달할 수 있었다. 1920년대에 강 옆에 처음으로 노천카페가 문을 열었고, 카페에서는 여행객을 위해 견과류와 치즈, 야채를 아락과 함께 제공했다고 한다. 그러자 카페는 서서히 유명세를 타기 시작했으며 많은 사람들이 몰려들어 베카 계곡은 어느새 노천카페로 가득 차게 되었다. 카페들은 손님을 끌기 위해 다양한 먹을거리를 만들었고 이 음식들이 훗날 멧제의 기원이 되었다는 것이다(Roden, 2005: 240-241). 멧제 요리의 인기 덕에 레바논 음식은 오늘날 전 아랍세계의 음식을 상징하는 대표 음식이 되었다.

시리아 음식

시리아 음식은 전반적으로 레바논 음식과 상당히 비슷하다. 시리아 음식만의 특징으로는 아랍 지역 음식 중 가장 정확하고 세밀하다는 것을 들 수 있다. 샐러드용 채소만 보더라도 다른 나라와 달리 작은 정육면체(주사위) 모양으로 정확하게 썰어서 접시에 담아 내놓는다. 시리아 사람들의 세밀한 음식준비는 커피에서도 나타난다. 시리아 사람들은 커피를 끓일 때 들어가는 향료 중 하나로 알려진 생강과 식물인 카르다몸의 끝 부분을 벗겨서 갈아 넣는다(다른 지역에서는 그냥 통째로 넣고 간다). 시리아 음식의 또 다른 특징은 중세 우마이야 제국의 찬란했던 음식문화의 영향으로 음식물의 장식이 아주 중요하게 간주된다는 것이다.

요르단과 팔레스타인 음식

두 나라의 음식은 아주 비슷하다. 두 나라는 지리적으로 인접해 있을 뿐만 아니라, 1945년 이스라엘 건국 후에는 팔레스타인 난민이 요르단에 대거 유입되어 요르단 국민과 이웃하며 살았다. 요르단과 팔레스타인의 음식은 사막의 베두인 음식문화를 바탕으로 주변국인 레바논, 시리아, 이라크의 음식문화에서 영향을 많이 받았다.

가장 대표적인 음식은 양고기를 라반과 함께 조리하는 베두인의 전통요리인 만사프*mansaf*가 있다. 요르단 사람들은 축제, 생일, 장례식 등 손님을 접대할 일이 있으면 이 요리를 꼭 내놓는다. 요르단 사람들에게 만사프는 관대를 상징하는 요리로, 만사프에 넣은 양고기의 양으로 주인의 후덕함을 평가한다. 마끌루바*maqluubah* 역시 이 지역의 대중음식으로 꼽히는데, 원래는 팔레스타인의 전통요리이다. 마끌루바는 '깔라바*qalaba*: 뒤집다' 라는 아랍어에서 나온 것으로, 13세기 아랍 요리책에 소개될 정도로 역사가 오래된 요리이다. 냄비에 토마토를 깐 후 튀긴 가지, 양이나 닭고기, 양념한 쌀을 함께 차곡차곡 쌓아 물을 넣어 익히다가 쌀이 다 익으면 쟁반에 뒤집어 낸다. 타 지역에서 볼 수 없는 요르단과 팔레스타인에서만 소비되는 타분*taabuun*이라는 빵도 대표 음식 중 하나이다. 타분은 빵 위에 양파, 수막, 사프론을 포함해 각종 향료를 얹어 구워내는 것으로, 식사 대용으로 먹을 때는 빵 위에 구운 닭 한 마리를 얹어 내기도 한다.

이라크 음식

샴 지역에는 레바논과 더불어 이라크 음식이 가장 세련되고 다양하다. 과거 이라크는 중세 이슬람 제국의 황금기였던 압바스 시대의 수도였다. 우마이야 제국의 아랍 혈통 우월주의에 반기를 들며 설립된 압바스 제국의 모토는 보편과 통합정책이었다. 평등주의 원칙에 기반을 둔 압바스 제국의 통합정책은 아랍의 음식문화에도 여지없이 드러난다. 페르시아와 터키의 많은 인재들이 압바스 제국의 수도인 바그다드에 모여들었으며 자연스럽게 이들의 음식문화도 유입되었다. 아랍의 음식문화는 압바스 시대에 꽃을 피우게 되고 이는 이라크 음식문화에 그대로 전수된다.

이라크 음식은 다른 아랍음식에 비해 향료를 많이 첨가하는 편이다. 지금은 비록 이라크와 쿠웨이트가 두 나라로 갈라졌지만 과거 이라크 남부 바스라에 편입됐던 소도시인 쿠웨이트는 고대부터 향신료 무역의 중심지였으며, 쿠웨이트의 향신료는 중세 이슬람 제국의 수도였던 바그다드까지 운송되어 이라크 음식에 사용되었기 때문이다.

이라크 음식에 사용되는 주재료로는 밀, 보리, 쌀, 야채, 대추야자 등이 있다. 야채로는 가지, 오크라, 감자, 토마토가 주로 쓰이며 병아리콩과 렌즈콩도 사용된다. 육류는 양과 쇠고기, 생선과 가금류가 주로 소비되며 대중적인 음식으로는 마스구프*masquuf*: 강에서 잡은 생선을 구워 레몬과 빵과 함께 먹는 요리, 돌마*duulmah*: 과일이나 야채의 잎, 혹은 그 속을 파내 양념한 쌀을 넣고 찌는 요리, 브리야니*briyaani*: 생선 혹은 고기를 쌀과 함께 한 그릇에 요리해내는 것가 있다. 이 중 마스구프의 유래는 고대까지 거슬러 올라간다. 요리법은

돌마

티그리스 강에서 잡은 생선을 구워 레몬과 빵과 함께 먹는 것이다.

그 밖에 이라크는 아주 부드러운 케밥과 치킨티카로도 유명하다. 타 지역과 구분되는 이라크 음식의 가장 큰 특징은 이 지역에 거주하는 유대인들의 영향으로 올리브유 대신 참기름을 많이 사용한다는 것이다.

현대 아랍음식의 기틀이 된 터키와 이란 음식문화

현대 아랍음식의 기틀은 오스만 제국의 터키 음식과 페르시아의 이란 음식이 마련했다고 해도 과언은 아니다. 그렇지만 아랍 사람들은 이 말을 들으면 싫은 내색을 할 것이다. 아랍·터키·이란은 서로 중동 지역에서 패권을 잡기 위해 항상 경쟁 관계를 유지하기 때문이다. 그럼에도 이 나라들은 현재처럼 독립국가로 분리되기 이전에는 우마이야·압바스·오스만 제국이라는 같은 제국의 틀 안에서 이슬람교를 믿으며 살아왔다. 따라서 서로의 음식문화는 '누구의 것'으로 분류하기에는 상당히 비슷한 점이 많다. 가장 대표적인 예가 과일이나 야채의 속을 파고 양념한 쌀을 넣어 육수를 넣고 끓이는 돌마, 고기를 꼬치에 끼워 굽는 케밥*kabaab* 혹은 쿠프타*kuftah*, 요구르트, 패스트리 등이다.

터키 음식

현재의 터키 음식은 대부분 과거 오스만 제국 음식문화의 유산이다. 13세기부터 20세기 초반까지 중동 지역을 재패했던 오스만 제국은 중동을 넘어 유럽 지역을 포함해 전 세계인의 음식문화에 지대한 영향을 미쳤다. 일례로 과거 오스만 제국의 지배하에 있던 아나톨리아 지역터키, 아르메니아, 키프로스, 발칸 지역그리스, 불가리아, 루마니아, 마케도니아, 알바니아, 세르비아, 보스니아, 중동 지역레바논, 시리아, 이라크, 요르단, 팔레스타인, 이스라엘에는 아직도 오스만투르크 음식문화의 영향이 남아 있으며 공통된 조리법을 공유하고 있다.

근대 세계를 움직이던 권력의 정점에 서 있던 오스만 제국은 음식에 상당한 관심을 보였다. 술탄은 향신료 길을 직접 관리했으며 궁중의 엄격한 기준에 맞는 것만 거래하도록 허용했다. 당시 향신료는 고가였기 때문에 향신료 사용은 곧 계층 소속감을 보여주는 것이었다. 술탄의 관심은 향신료에만 머물지 않았다. 오스만 제국의 중심지였던 이스탄불의 톱카피 궁에는 부엌만 여러 개였고, 17세기에는 수백 명의 요리사를 포함해 약 1,300명이 주방에서 일할 정도였다. 또한 특정 음식만을 각각 전문적으로 요리하는 조리장도 있었다. 이 요리사들은 술탄의 마음을 잡기 위해 요리로 각축전을 벌였고 그들의 경쟁으로 터키 요리는 더욱 발전할 수 있었다.

그 후 오스만투르크의 요리는 제국이 사양길로 접어들기 전인 19세기까지 자신들의 뿌리인 중앙아시아 지역의 고기와 요구르트를 중심으로 한 유목민의 음식을 기반으로 페르시아, 아랍, 그리고 비잔틴 지역의 음식문화를 흡수하며 발전할 수 있었다. 실로 이 시대에는 요리가 예술로 승화하던 시대라 할 수 있다. 시인, 의사 그리고 심지어 왕자들도 음식에 대한 노래를 부르고 시를 썼으며 조리법을 연구했다. 이 시대 음식문화는 유럽에도 많은 영향을 미쳤는데 그중 하나가 커피문화와 노천카페이다. 오스만 시대에 터키 지역에서 유행하던 노천카페는 유럽에 전해져 오늘날 유럽의 고유문화로 자리 잡게 되었다.

재미있는 사실은 오스만 제국 시대에는 이슬람 제국의 우마이야 시대와 압바스 시대와 달리 음식의 향연이 상류층에만 머물지 않았다는 것이다. 궁중에서 새롭게 개발된 음식은 라마단과 같은 종교행사를 통해 일반인들의 부엌까지 전달되었다. 따라서 일반 가정에서도 궁중의 영향을 받아 세련된 음식을 만들었으며 서로서로 이웃을 초대하며 음식경연을 벌이는 분위기가 정착되었다. 오스만 제국의 세련된 궁중의 음식문화는 상류층의 관심으로 발전하여 타 지역으로 적극적으로 전파될 수 있었다. 오스만의 궁중 요리사들이 개발한 음식은 중동 지역 뿐만 아니라 발칸반도에서 남러시아, 북아프리카까지 영향을 미쳤다(Ozan, 2001: 1-3).

시시케밥

술탄의 관심과 후원 속에서 발전하던 터키 요리는 아쉽게도 오늘날까지 그대로 전수되지는 않았다. 오늘날 터키인의 식탁에 오르는 요리는 절정에 달하던 오스만 시대의 요리에 비하면 상당히 단순해진 것이다(Roden, 2005: 140).

오스만투르크의 대표적인 음식에는 시시케밥*shish kabaab*과 돌마가 있다. 시시케밥은 말을 타고 초원을 횡단하던 유목민의 전통음식으로 다른 부족과 싸우는 전장에서 가장 간단히 요리할 수 있는 음식에서 기원한 것이다.

돌마에는 야채 돌마와 과일 돌마가 있다. 만드는 법은 각종 야채와 과일의 속을 파내고 그 속을 쌀과 각종 재료로 채워 넣거나 그 잎으로 싸서 쪄 먹는 것이다. 돌마는 오늘날에도 터키뿐만 아니라 이란과 아랍 지역의 대표적인 음식으로 꼽히고 있다. 그 밖에 쿠프타*kuftab*라는 요리 역시 오스만 제국의 대표음식이다. 쿠프타는 갈아서 양념을 한

고기를 뭉쳐 꼬챙이에 꿰어 굽거나 요구르트에 넣어 끓이는 요리로, 전 중동 지역은 물론이고 발칸 반도와 그리스까지 영향을 미쳤다. 터키 음식의 특징은 각종 고기와 야채에 요구르트가 주재료로 사용된다는 것이다. 영어의 요구르트yoghurt 또는 yogurt도 터키어에서 유래한 것이다.

이란 음식

터키 음식과 함께 아랍인의 음식문화에 많은 영향을 미친 것이 페르시아 음식, 즉 이란 음식이다. 전통적으로 이란 음식은 카펫 위에 수프라라는 면으로 된 천을 깔고서 그 위에 차려놓고 먹었다. 이란인이 먹는 주식에는 쌀, 빵, 그리고 작은 볼에 담긴 애피타이저(혹은 멧제), 스프와 각종 고기와 생선요리가 있다. 이란 요리에서 수프의 역할은 아주 중요하다. 사람들은 친밀함을 표현하기 위해 수프 한 접시를 나누어 먹기도 하는데, 스푼 하나로 수프를 같이 나누어 떠먹는 친구나 연인도 있다.

이란에서는 다양한 과일과 야채가 생산되기 때문에 식탁이 실로 풍성하다. 과일로는 살구, 복숭아, 체리, 사과, 자두, 배, 석류, 포도와 메론 등이 있으며, 야채는 가지, 호박, 시금치, 완두콩, 오이같이 생긴 서양호박, 당근, 토마토, 파, 오이 등이 생산된다. 또한 각종 넛 종류도 다양하게 생산되고 있다.

이란 음식에서 빠질 수 없는 가장 대표적인 재료는 쌀이다. 쌀은 고대부터 서남아시아와 인도에서 들어왔으며, 주로 북부에서 소비되고 있다. 반면 남부 이란에서는 '난'이라 부르는 빵이 주로 소비된다. 이란에서 소비되는 쌀의 종류는 짧고 굵은 참파*champa*, 길고 넓은 라스미*rasmi*, 안바르부*anbarbu*, 무와라이*mowla'i*, 사드리*sadri*를 포함해 크게 다섯 종류가 있다. 쌀의 향과 맛, 그리고 찰기는 종자에 따라 다른데, 오늘날은 주로 인도에서 들여온 바스마티*basmati*라는 쌀로 요리한다. 바스마티는 특히 향으로 유명하다.

쌀을 요리하는 방법은 크게 세 가지가 있다. 첫 번째로 폴로*polo*는 소금물에 담가 간이 밴 쌀을 끓이는 것을 뜻한다. 쌀이 반쯤 익으면 물을 버리고 이후부터는 증기로 익힌다. 이때 각종 고기와 야채, 견과류, 과일 등을 켭켭이 넣고 같이 익히기도 한다. 이 조리법에서는 찰기가 없는 쌀을 쓴다. 이런 방식으로 쌀 요리를 하면 타-데그*tah-deeg*라는 누룽지가 생기는데 이 누룽지는 다시 요리에 이용되기도 한다. 손님 접대 시 누룽지가 천대받는 우리와 달리 이란에서는 귀한 손님에게 누룽지 요리를 대접하기도 한다.

두 번째는 카테*kateh*로 가장 간단한 조리법이다. 쌀과 물, 소금이 주재료로, 쌀을 불린 뒤 버터를 추가해 뚜껑을 닫고 익을 때까지 놔둔다. 여기에 향신료와 야채를 섞으면 다미*damy*라는 쌀 요리가 된다.

가장 유명한 이란의 쌀 음식은 역시 돌마이다. 돌마에는 사프란, 말린 라임, 시나몬, 파슬리 등의 향신료가 쓰인다. 터키에서와 마찬가지로 야채 돌마와 과일 돌마가 있다. 돌마 요리에 많이 쓰이는 야채는 양배추, 포도잎, 가지, 호박, 토마토 등이며, 과일 종류로는 모과와 사과가 많이 애용된다. 돌마는 차갑게 애피타이저 형태로 먹기도 하며 빵과 요구르트와 함께 뜨겁게 요리해 주요리로 먹기도 한다. 고기는 먹기 하루 전날 허브, 양파, 마늘, 식초에 절인(입맛에 따라 요구르트나 라임즙 추가) 후 식사시간에 맞추어 꼬치에 끼워 굽는다.

이란 사람들은 타 지역 사람에 비해 특히 국수를 많이 먹는다. 국수는 이란의 새해인 누르주*nowruz* 때는 반드시 등장하는 메뉴인데, 엉기성기 얽힌 국수가닥을 먹으면 꼬인 문제들이 해결된다고 믿는 것이다. 그래서 이란 사람들은 새로운 일을 착수하기 전이나 친구가 여행을 떠날 때 행운을 비는 마음으로 국수를 먹는다.

이란의 음식문화에서 재미있는 것은, 음식의 성질을 뜨겁고 차가운 성질로 나누어 자신의 몸 상태에 맞게 조리해 먹는다는 것이다. 뜨거운 성질의 재료는 차가운 성질을 지닌 재료와 함께 요리해 중화시켜 먹어야 몸에 이롭다고 생각한다. 또한 몸이 뜨거운 사람은 찬 음식을, 차가운 사람은 뜨거운 음식을 섭취해야 몸의 균형을 찾는다고 생각한다. 우리의 음양사상과 비슷하면서도 약간 차이가 있는 이러한 이란 사람들의 음식성질 분류를 보는 것은 꽤 재미있다.

	찬 성질을 지닌 음식재료	따뜻한 성질을 지닌 음식재료
고기류	쇠고기·생선·수탉·칠면조	오리·암탉·양·붉은 도미
야채류	양배추·콜리플라워·오이·포도잎·감자	당근·마늘·버섯·양파·오크라·옥수수
과일	살구·복숭아·수박	아몬드·사과·대추야자·망고
곡류	보리·쌀	병아리콩
기타	커피·레몬주스·설탕·우유·요구르트	꿀·식초·로즈워터·계란

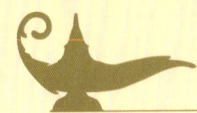

아랍음식 따라하기 I

기본적인 밥 짓기

쌀은 빵과 함께 아랍인의 주식이다. 아랍 속담에 '쌀은 천국의 사람들이 먹는 것'이라는 말이 있을 정도로 아랍인의 쌀에 대한 애정 또한 각별하다. 그러나 아랍인에게 쌀이 항상 풍성한 것은 아니었다. 1950년대 전까지만 해도 쌀은 고급 음식으로서 부자들의 식탁이나 특별한 날에만 제공되는 사치품이었다. 아랍인의 식탁에는 쌀보다 값

아랍식 밥
아랍식으로 조리한 쌀밥은 고기나 생선류와 함께 먹는다.

이 싼 밀, 보리, 옥수수가 더 많이 올랐다. 그러다 1940년대 이집트, 시리아, 이라크 남부의 새로운 농법 개발로 쌀 공급이 늘어나면서 아랍인의 주식이 된 것이다.

아랍세계에서 요리에 이용하는 쌀은 몇 종류가 있다. 마베르-부 *maber-bou*는 이라크와, 아랍은 아니지만 중동의 이란 지역에서 생산되는 고급품질이다. 쌀의 알은 길고 향이 좋지만 값이 비싸며 오늘날에는 쉽게 구하기 힘들다. 이집트와 시리아 지역에서는 라쉬디 *rashidi*라는 종

자가 있는데 쌀알의 길이가 짧다. 아랍에서 가장 인기 있는 쌀은 인도에서 생산되는 바스마티인데, 쌀알이 길며 향이 무척 좋다. 제라흐_zeerah_는 바스마티보다 짧지만 역시 강한 향이 특징이다. 마자흐_mazah_는 젖었을 때 끈적끈적하며, 쌀알이 짧은 쌀은 주로 야채나 과일의 속을 채우는 돌마 요리에 쓴다. 특히 걸프 지역에서 쌀이 많이 소비되는데, 주로 인도, 파키스탄, 이란, 타이에서 수입한다.

쌀을 조리하는 방법은 크게 세 가지가 있다. 가장 기본적인 방법은 기름에 살짝 볶은 뒤 물을 붓고 끓이는 방법, 쌀을 끓는 물에 넣고 물이 흡수되면 기름을 붓고 요리하는 방법, 쌀을 간이 된 물에 일단 끓이고 난 뒤 물을 제거하고 기름과 양념을 섞거나 설탕과 당밀을 넣고 끓이는 방법이 있다. 세 번째 방법은 걸프 아랍 지역에서 가장 대중적인 방법이다. 이렇게 조리한 쌀은 수프와 단독으로 먹기도 하고 고기, 생선, 채소와 함께 먹기도 한다.

참고로 오늘날 아랍인이 쌀요리를 포함한 음식조리에 가장 많이 사용하는 식용유는 올리브유이다. 과거 무역이 발달하지 않았을 때는 올리브열매를 풍부하게 얻을 수 있었던 북아프리카의 알제리, 모로코, 튀니지, 레바논 등 지중해 지역 사람들만 음식에 올리브유를 많이 썼다. 이 지역을 제외한 타 아랍 지역 사람들은 올리브유가 너무 비쌌기 때문에 대용품으로 동물기름을 사용했는데, 이라크에서는 살진 양의 꼬리에서 녹인 기름인 알리야를 주로 썼고 아라비아 걸프 지역에서는 양이나 염소의 우유에서 추출한 버터기름_samin_ 혹은 _dihn_을 썼다.

이제 기본적인 아랍 스타일의 밥을 한번 지어보자. 한국에서는 이런 요리재료를 서울 이태원 등 전국 몇몇 수입음식재료상에서 구할 수 있다.

★★★ 아랍식 밥 짓기

재료

식물성 기름이나 버터 3티스푼, 바스마티 쌀 3컵(씻어서 불린 후 물을 뺀 것), 끓는 물 3컵, 소금 1티스푼, 시나몬 가루 약간

① 소스 팬에 기름을 두르고 센 불에서 팬을 달군다.
② 쌀을 팬에 넣고 기름을 입도록 1분가량 젓는다.
③ 물과 소금을 넣고 팬 뚜껑을 닫고 약 3분 동안 센 불에 놔둔다.
④ 중간 불로 줄이고 약 10분 동안 더 놔둔다.
⑤ 불을 아주 약하게 줄여 쌀이 부드러워질 때까지 부글부글 끓인다.
⑥ 불에서 팬을 내려놓고 털 담요로 밥이 식지 않도록 싸둔다.
⑦ 포크로 뒤적여 접시에 내놓을 때 시나몬 가루를 뿌린다.

*요리 tip

아랍식 쌀요리의 특징은 물을 조금 넣는 것이다. 일반적으로 물과 쌀을 같은 양으로 넣고 된밥을 짓는다.

아랍음식 따라하기 II

아랍의 서민음식, 콩요리

아랍음식에서 주식으로 많이 등장하는 재료가 콩이다. 아랍 지역에서 재배되는 콩으로는 렌즈콩lentil, 병아리콩chickpea, 누에콩broad bean, 완두콩 등이 있다. 아랍인이 콩을 먹어온 역사는 고대로 거슬러 올라가는데, 투탕카멘 왕의 묘에는 보라색 완두가 함께 부장되어 있었다고 한다. 또 작은 볼록렌즈 모양의 렌즈콩 역시 기원전 2000년대의 이집트 분묘에서 발견된 바 있으며 구약성서에 등장하기도 한다.

콩은 고기를 섭취할 수 없는 서민들에게 단백질을 제공하며, 먹으면 쉽게 배가 부르고 소화도 더디며, 값도 싸고 보관하기도 쉽다. 그래서 콩은 육류에서 단백질을 섭취할 수 없는 아랍 지역의 가난한 사람들에게 생선과 함께 사랑받아왔다. 이런 이유 때문에 콩은 미식가의 음식이라기보다는 서민 음식의 이미지가 강하다. 대표적인 아랍의

훔머스 콩
훔머스 요리의 주재료인 병아리콩

콩 요리로는 훔머스와 풀, 따아미야가 있다.

그럼 아랍 지역에서 가장 대중적인 음식인 훔머스의 요리법을 알아보자.

★★★ 훔머스 콩요리 만들기

재료

마른 병아리콩 2컵, 베이킹소다 1/4티스푼, 마늘 2쪽, 소금 1/2티스푼, 참깨 페이스트(타히니) 1/2컵, 레몬즙 1/2컵, 엑스트라 버진 올리브유

① 마른 병아리콩은 베이킹소다를 넣어 그릇에 담아 하룻밤 물에 담가 놓는다.

② 물을 제거한 뒤 차가운 흐르는 물에 씻어낸다.

③ 병아리콩을 물 6컵과 함께 냄비에 담고 센 불에 끓인다.

④ 거품이 나지 않을 때까지 걷어낸다.

⑤ 불을 줄이고 뚜껑을 덮어 1시간 반가량, 콩을 숟가락으로 누르면 깨질 정도로 부드러워질 때까지 끓인다.

⑥ 물을 버리고 찬물에 콩을 식힌다. 손바닥으로 콩을 문질러 껍질을 제거한다. 수차례 이 작업을 반복한다. 캔에 담긴 콩으로 요리한다면 세 번 정도 씻어내 끓이면 된다.

⑦ 마늘과 소금을 함께 넣고 믹서에 간다. 여기에 익힌 병아리콩, 참깨 페이스트, 레몬즙을 같이 넣고 크림 상태가 될 때까지 간다. 취향에 따라 레몬즙과 소금을 첨가할 수 있다.

⑧ 접시에 빵과 함께 담아낸다.

아랍음식 따라하기 III

고기요리

아랍 지역에서 고기는 1950년대 전까지만 해도 축제나 명절 등 특별한 날에만 먹는 음식이었으나, 삶의 질이 향상되고 1960년대 이후 오일 붐을 계기로 걸프 산유국에서 소비가 증가하면서 식탁에 자주 오르는 음식이 되었다. 지난 30년간 아랍 지역에서 육류는 소비가 급증했다. 인구증가 또한 육류 소비량이 증가한 원인이었다. 아랍인이 즐겨먹는 고기에는 양고기, 염소고기, 쇠고기뿐만 아니라 특별한 날 먹는 낙타 고기, 그리고 가금류와 생선 등이 있다.

양과 염소

아랍 지역에서 가장 사랑받는 고기는 양고기와 염소고기로, 쇠고기보다 선호된다. 아랍 지역에서는 양과 염소를 광범위하게 사육하는데, 이는 건조한 사막기후에서 양이나 염소가 잘 견디기 때문이다.

양고기는 결혼식이나 아이의 탄생, 할례 등 특별한 날에 도축된다. 특히 한 살 된 양이 지방의 양과 맛 면에서 가장 뛰어나다. 양의 모든 부위는 머리부터 꼬리까지 다 먹을 수 있다. 꼬리는 특히 낙타의 봉처럼 지방과 영양분을 많이 함유하고 있기 때문에 인기가 많고(실제로 중동 지역에는 꼬리가 큰 양의 종種이 살았으며, 중세에는 양의 꼬리를 다치지 않기 위해 그 부분을 바퀴가 달린 수레를 연결해 끌고 다니도록 했다), 머리와 눈도 귀한 손님에게 대접하는 부위이다.

양으로 만드는 가장 전통적인 음식이 바로 알-꾸지이다. 알-꾸지는 속을 채운 양을 통째로 구워 내놓는 요리로서, 아라비아 걸프 지역의 환대문화를 상징한다. 주로 이슬람의 명절인 이드나 손님이 올 때 이 음식을 대접한다. 대접하는 방식은 지역마다 다르다. 베두인들은 몸통 전체를 구워 내고 향료는 별로 사용하지 않는다. 향료무역이 발달한 이라크에서는 향료를 넣어 몸통 전체를 끓인 후 갈색 빛을 내기 위해 양쪽 면을 돌려가며 튀긴다. 반면 음식문화가 가장 발달한 레바논에서는 향료를 몸통에 입히고 쌀, 다진 고기, 잣, 양파, 견과류, 레바논에서 많이 쓰이는 향신료 등을 이용해 스터핑을 만들어 속을 채워 굽는다.

★★★ 알-꾸지 만들기

재료
어리고 작은 양 한 마리와 각종 향신료. 무게는 8~10kg을 넘지 않는 것이 좋다.

양념
강황가루 1테이블스푼, 혼합된 향신료 가루 1~2테이플스푼, 말려서 간 코리앤더와 커민 가루 1테이블스푼, 마늘 4쪽, 생강 간 것 1티스푼, 카르다몸 가루 1티스푼, 레몬즙 1티스푼, 검은 후춧가루 1~2티스푼, 로즈워터에 넣은 사프란 1티스푼, 말린 라임 1티스푼

① 양의 얼굴을 밑으로 한 채 흐르는 물에 고기를 잘 씻는다. 밀가루 4컵과 소금 3티스푼으로 고기를 박박 문지른다.
② 뜨거운 물에 짠 천으로 양의 머리와 몸 부분을 닦아낸다. 소금으로 양의 내부를 문지른 뒤 마를 때까지 놔둔다.
③ 마늘 4쪽에 소금, 향신료, 생강, 레몬즙을 넣어 걸쭉해질 때까지 으깬다.
④ 소금과 향신료 섞은 것으로 양의 몸통을 문지른 후 로즈워터 1/2컵으로 다시 문질러 한쪽에 놔둔다.

속 만들기

바스마티 쌀 6~7컵, 시나몬스틱 4~6개, 카르다몸 8쪽, 정향 4쪽, 검은 후추 6알, 강황가루 1테이블스푼, 삶은 달걀 12~18개(한 사람당 1개씩 돌아갈 수 있도록 갯수를 맞출 것), 양파 썬 것 6컵, 기름 4~6테이블스푼, 마늘 4~5쪽, 걸프 향신료 1테이블스푼, 후춧가루 1티스푼, 말린 레몬 간 것 2~3테이블스푼, 콩 1~2컵, 씨 없는 건포도 1컵, 코리앤더 썬 것 1다발, 로즈워터 1컵에 사프란 2티스푼 푼 것, 감자 큰 것 1개, 큰 냄비를 봉인하는 데 사용할 양의 밀가루

① 마늘, 소금, 향신료, 레몬즙을 으깬다.
② 큰 그릇에 양파 썬 것을 넣고 중간 불로 뒤적이며 익힌다. 양파가 바닥에 눌어붙기 시작하면 물을 조금씩 넣고 젓는다. 양파가 갈색이 될 때까지 반복한다.
③ 양파에 기름을 두르고 마늘과 향신료, 레몬 말린 것, 콩을 넣고 몇 분간 조리한다.

④ 아몬드, 건포도, 코리앤더 썬 것을 넣는다. 로즈워터 약 1/4컵을 넣고 5~10분간 지글지글 끓도록 놔둔다.
⑤ 큰 냄비를 뜨거운 물로 2/3가량 채우고, 나머지 향신료와 소금을 넣고 끓인다.
⑥ 이 물에 쌀을 넣고 끓인 후 쌀알이 떠오르기 시작하면 물기를 빼 다시 냄비에 쌀을 넣고 ③에 섞는다. 나머지 로즈워터를 쌀에 넣고 뚜껑을 닫은 후 낮은 불에서 뜸을 들인다. 양고기의 속에 넣어 또 익힐 것이기 때문에 살짝만 익혀도 된다. 이것을 양의 몸통 속에 달걀과 함께 넣는다.
⑦ 속을 채운 양을 잘 익을 때까지 3~4시간가량 굽는다.

소고기

물 부족을 잘 견디는 양, 낙타, 염소에 비해 소는 물과 먹이를 확보할 수 있는 지역에서 주로 사육한다. 아랍인은 소고기를 많이 먹지 않기에 다루는 법을 잘 모르는 경우가 많다. 쇠고기는 주로 갈아서 요리해 먹는다.

가금류

아랍인이 선호하는 가금류는 참새, 비둘기, 메추라기, 닭인데 주로 구워 먹는다. 가금류 중 특히 닭의 소비가 많은데, 키우기 쉽고 요리시간이 짧기 때문이다.

생선

많은 사람들이 사막을 상상하면서 중동에는 생선요리가 없을 것이라고 생각하지만 아랍인도 생선을 많이 소비한다. 지중해, 흑해와 카스피 해, 페르시안 걸프 지역과 인도양 근처, 나일 강, 유프라테스와 티그리스 강 주변, 그 밖에 작은 강 주변에서는 생선요리가 발달되었다. 육류 공급이 풍부하기 전 생선은 아랍인에게 주요한 단백질 공급원이었다. 현재는 가금류와 고기가 생선을 대체해 과거에 비하면 생선소비가 줄어들고 있다.

생선의 주 요리법은 굽거나 튀기기, 말리기 또는 염장법이 있다. 굽거나 튀기는 방법은 전 아랍세계에서 가장 선호하는 생선 요리법이지만 염장법은 주로 걸프 지역에서 발달했다. 발효된 생선소스는 바레인, 카타르, 쿠웨이트, 아랍에미리트의 전통음식으로 알려져 있는데, 이는 이란 이주자들에 의해 소개된 것이다.

★★★ 구운 생선 만들기

재료
생선 1kg, 소금

① 비늘과 지느러미를 제거하지 않은 생선을 준비한다.
② 두들겨 말린 후 아가미, 입, 내장 부분을 포함해 생선의 안과 밖을 소금으로 문지른다.
③ 색깔이 노릇해질 때까지 오븐에서 구워낸다.
④ 약간의 밥을 레몬과 함께 내놓는다.

아랍음식 따라하기 Ⅳ

아랍식 샐러드와 피클

전통적인 아랍식 샐러드 만드는 방법은 상당히 간단하다. 원하는 재료를 넣은 볼에 올리브유, 레몬즙, 마늘, 소금 등으로 간을 맞춘 드레싱을 잘 섞어 얹으면 된다.

샐러드 이외에 각종 야채를 소금으로 절인 피클도 아랍인이 우리의 김치처럼 식탁에 많이 내놓는다. 뚜르쉬 turshi라고 부르는 이 피클은 물, 소금, 식초, 마늘이 주재료이다.

샐러드

★★★ 아랍식 샐러드 만들기

재료

잘게 자른 양상추 약간, 오이 2개, 토마토 1개, 파슬리잎 1티스푼, 잘게 자른 박하잎 1스푼, 아랍 빵, 샐러드 드레싱 재료(레몬즙 1티스푼, 올리브유 2티스푼, 소금 1/4 티스푼, 마늘 1쪽 다진 것)

① 아랍 빵을 잘게 잘라 뜨거운 기름에 껍질이 갈색이 될 때까지 튀겨낸다.

② 기름에서 건진 아랍 빵은 키친타월을 이용해 기름을 뺀다.
③ 샐러드 재료를 볼에 넣고 드레싱과 함께 모두 섞어 내놓는다. 취향에 따라 원하는 재료를 첨가하거나 뺄 수 있다.

★★★ 아랍식 피클 만들기

재료

콜리플라워 1/2쪽, 순무 1/2쪽, 당근 1/2쪽, 양상추 1/2통, 말린 페르시아산 마늘 3/4통, 고추 7개, 강황가루 3스푼, 볶은 코리앤더 3테이블스푼, 커민 1테이블스푼, 마늘 3~4쪽, 소금 1과 1/4컵, 식초 8컵, 물 15컵

① 말린 페르시아산 마늘을 24시간 동안 물에 불려 건진 후 물기를 뺀다.
② 야채를 씻는다. 순무는 껍질을 벗기고 4등분을 한다. 양배추는 줄기 부분을 제거하고 잎을 분리한다. 콜리플라워와 당근을 먹기 좋은 크기로 썬다. 고추는 구멍을 낸다.
③ 물을 끓이고 소금과 강황가루를 첨가해 간을 맞춘다.
④ 야채를 순무, 당근, 페르시아산 마늘, 콜리플라워의 순서로 넣는다. 잘 섞은 뒤 끓인다. 이후 양배추를 넣고 다시 한 번 살짝 끓인다. 너무 끓이지 않도록 주의한다.
⑤ 큰 체에 넣고 야채가 식을 때까지 놔둔 후 물을 충분히 뺀다.
⑥ 식초를 끓인 것에 소금과 향신료를 약간만 남겨놓고 다 넣는다. 차갑게 식힌다.
⑦ 피클 병에 야채와 식초, 마늘, 향신료, 소금을 함께 넣어 끓인 물을 함께 넣는다. 단단히 뚜껑을 닫아 어두운 곳에 약 3일간 놔둔다.

각종 피클과 올리브

아랍음식 따라하기 V

라이스 푸딩

우리는 쌀을 주식으로만 생각하지만 아랍 지역에서 가장 많이 먹는 디저트 중 하나가 바로 쌀로 만든 푸딩이다. 평소에도 먹지만 특히 아이를 낳으면 약 40일 동안 집에 손님이 찾아올 때 이것을 대접하기도 한다. 최상의 라이스 푸딩은 끊임없이 저어서 만든다.

★★★ 라이스 푸딩 만들기

재료

씻어 건진 쌀 1/4컵, 우유 6컵, 설탕 1/2컵, 오렌지 꽃물 1테이블스푼

① 쌀, 우유, 설탕을 큰 냄비에 섞어 중간 불로 끓이면서 1시간가량 쉬지 않고 젓는다.

② 불을 줄이고 약 45분 동안 내용물이 크림 형태의 노란색이 될 때까지 더 끓인다.

③ 오븐을 약 400도까지 예열한다.

④ 오렌지 꽃물을 내용물에 섞어 그릇에 담아 표면이 금색이 될 때까지 오븐에서 15분가량 굽는다.

⑤ 오븐에서 꺼내어 식혀 냉장고에 하룻저녁을 넣어두고, 상을 차릴 때는 상온에 꺼내두었다가 내놓는다.

참고문헌

외국문헌

Al-Gazali. 2000. *Al-Gazali on the Manners Relating to Eating*. The Islamic Text Society: Cambridge.

Al Maskiry, Fawziya Ali Khalifa. 2004. A Taste to Remember. Al Nahda Printing Press: Bahrain.

Al-Zayani, Afnan Rashid. 2001. A Taste of the Arabian Gulf. Bahrain.

Basyouny, Iman Farid. 1997. *"Just a Gaze: Female Clientele of Diet Clinics in Cairo: An Ethnomedical Study". Cairo Papers in Social Science, Volume 20, Monograph 4, Winter 1997*, Cairo: The American University in Cairo Press.

Batmanglij, Najmieh. 2007. *New Food of Life: Ancient Persian and Modern Iranian Cooking and Ceremonies*. Mage Publishers: Washington DC.

Bsisu, May S. 2005. *The Arab Table: Recipes and Culinary Traditions*. William Morrow: New York.

Foltz, Richard C. 2006. *Animals in Islamic Tradition and Muslim Cultures*. One world: Oxford.

Heine, Peter. 2004. *Food Culture in the Near East, Middle East and North Africa*. Greenwood Press: Connecticut & London.

Musaiger, Abdulrahman O. 1993. *Traditional Foods in the Arabian Gulf Countries*. Arabian Gulf University: Bahrain.

Ozan, Ozcan. 2001. *The Sultan's Kitchen: A Turkish Cookbook*. Periplus Editions(HK) Ltd.: USA.

Roden, Claudia. 2005. *Arabesque: A Taste of Morocco.* Turkey and Lebanon, Knopf, Borzoi Books: New York.

_____. 2008. *The Book of Jewish Food: An Odyssey from Samarkand to New York.* Alered A. Knopf, Inc. New York.

Sortun, Ana. 2006. *Spice: Flavours of the Eastern Mediterranean.* Harper Collins Publishers: New York.

Swamp, Ram. 2002. *Understanding the Hadith: The sacred traditions of Islam.* Prometheus Books: New York.

Yamani, Mai. 2000. "You are What You Cook: Cuisine and Class in Mecca." in *A Taste of Thyme: Culinary Cultures of the Middle East.* Sami Zubaida and Richard Tapper(eds.). Tauris Parke Paperbacks: New York.

Zubaida, Sami .2000. "Rice in the Culinary Cultures of the Middle East." in *A Taste of Thyme: Culinary Cultures of the Middle East.* Sami Zubaida and Richard Tapper(eds.). Tauris Parke Paperbacks: New York.

국내문헌

김능우. 2004. 『아랍시의 세계』. 명지출판사: 서울.

류이치로, 우스이. 2008. 『커피가 돌고, 세계사가 돌고』. 김수경 역. 도서출판 북북서: 서울.

뮐러, 클라우스 E. 2007. 『넥타르와 암브로시아: 먹고 마시는 것에 관한 인류학적 기원』. 조경수 역. 안티쿠스: 서울.

서정민. 2009. 『인간의 땅 중동』. 중앙북스.

엄익란. 2009. 『무슬림 마음속에는 무엇이 있을까?』 도서출판 한울: 파주.

역사교육자협의회. 1994. 『중동·아프리카』. 채정자 역. 비안역사.

윤용수·전완경 편역. 2009. 『이슬람의 에티켓과 금기』. 북스페인.
이광주. 2003. 『동과 서의 차 이야기』. 한길사: 파주.
정수일. 2008. 『이슬람문명』. 창비: 파주.
태너힐, 레이. 2006. 『음식의 역사』. 손경희 역. 우물이있는집: 서울.
프리드먼, 폴. 2009. 『미각의 역사』. 주민아 역. 21세기북스: 파주.
하마디, 사니아. 2000. 『아랍인의 의식구조』. 손영호 역. 서울: 도서출판 큰산.
해리스, 마빈. 2008. 『음식문화의 수수께끼』. 서진영 역. 도서출판 한길: 파주.

인터넷 및 신문기사 (검색일 2010년 8월)

"Sea Food in the Four Madhahib" (2003년 4월 13일). http://www.albala-gh.net/qa/sea_food_madhahib.shtml

"Seafood-What's Halal, What's not" (2002년 9월). http://www.ifan-ca.org/newsletter/2002_09.htm

"Forget about your Toothbrush! Try Miswak" (2008년 10월 5일). http://www.dentalhealthsite.com/what-is-miswak/

"The Excellence of using Miswak (Tooth-Stick)" (2007년 10월 18일). http://www.yanabi.com/forum/PrintTopic229540.aspx

"WHO warns the hookah may pose same risk as cigarettes" (2007년 5월 29일). http://www.usatoday.com/news/health/2007-05-29-WHO-hooka_N.htm

"Harmless habit or dangerous drug?" (2006년 1월 5일) http://new-s.bbc.co.uk/2/hi/uk_news/4615415.stm

"Ritual Slaughter in Islam (Zabihah): Islamic Slaughter is Humane and Produces Healthy Halal Meat" (2008년 10월 17일). http://islamic-practices.suite101.com/article.cfm/ri-tual_slaughter_in_islam_dhabihah

"The Coffee Route from Yemen to London 10th-17th Centuries"(2003년 6월 25일) http://www.muslimheritage.com

"프랑스서 이슬람식 '할랄' 음식 붐," ≪연합뉴스≫ 2010년 4월 4일자.

"도축하는 '이슬람 명절'… 한국 무슬림들 고민," ≪조선일보≫ 2009년 11월 27일자.

http://www.ask-ali.com/whattobuyforfriend.asp

""요플레 일부 제품에 돼지고기 성분" 이슬람교 '먹어서는 안될 음식' 지정," ≪조선일보≫ 2009년 1월 19일자.

http://www.chosun.com/site/data/html_dir/2009/01/19/2009011900033.html

부록 | | 용어정리 |

까뜨 *qaat* | 동아프리카 지역과 아라비아 반도에서 자생하는 식물로, 잎사귀에 흥분·각성 성분이 들어 있는 포플러의 일종. 예멘 지역에서는 사교 목적으로 커피와 함께 남녀노소를 불문하고 폭넓게 소비되고 있다.

까마르 *qamar* | 아랍어로 '달'을 뜻하며 전통적으로 미녀를 지칭하는 용어로 사용되었다.

까후와 *qahwah* | 아랍어로 '커피'를 뜻하며 까후와 투르키야와 까후와 아라비아 두 종류가 있다.

나딤 *nadiym* | 아랍어로 '술 친구'를 의미한다.

나르길라 *narghiylah* | 아랍식 물담배를 지칭한다.

나비즈 *nabiz* | 대추야자로 빚은 술로, 사도 무함마드가 즐겨 마셨다고 전해진다.

누르주 *nowruz* | 이란에서 새해를 뜻한다.

다비하 *dhabiyihah* | 무슬림이 먹을 수 있는 할랄 음식, 즉 '깨끗한 음식'의 준비 과정으로, 이슬람식 도축법을 일컫는다. 육류의 경우 무슬림은 동물의 머리를 이슬람교의 성지인 메카 방향으로 돌려 눕히거나 든 채 날카로운 칼로 목을 따 모든 피를 제거하고 먹는다.

라마단 *ramadaan* | 이슬람교를 믿는 무슬림이 반드시 행해야 할 5대 의무 중 하나로, 한 달 동안 금식을 하는 행위를 말한다. 라마단은 이슬람력으로 음력 9월이다.

마그리브 *maghrib* | 아랍어로 '해가 지는 지역'이란 뜻. 마그리브 국가에는 북아프리카의 모로코·알제리·튀니지가 있다.

마슈리끄 *mashriq* | 마슈리끄 지역은 '동방'을 의미하며 프랑스어로는 레반트 Levant로 부르기도 한다. 지형의 형세는 초승달 모양의 띠를 이루어 '비옥한 초승달 지역'이라고도 하는데 풍부한 강우량과 온난한 지중해성 기후 때문에 각종 채소와 야채가 풍성하다. 요르단·레바논·시리아·팔레스타인·이라크가 이 지역에 포함된다.

마우리드 알-나비 *mawlid al-nabi* | 이슬람교의 사도 무함마드가 탄생한 날로, 이슬람력 3월 12일에 해당한다.

마크루 *makruuh* | 이슬람법에 따라 권장되지 않은 음식.

멧제 *mezzeh* | 아랍음식의 애피타이저.

무사하라 *musaharah* | 라마단 기간에 판누사를 들고 골목골목을 누비며 노래와 악기소리로 잠자는 사람들을 깨워 수흐르 시간을 알렸던 사람.

무앗진 *muadhin* | 이슬람교에서 기도 시간을 알리는 사람.

무하람 *muharram* | 이슬람력으로 매해 1월을 지칭한다.

미스와크 *miswaak* ㅣ 무슬림이 전통적으로 즐겨 사용했던 칫솔.
부크르 *bukhuur* ㅣ 향기 나는 오일에 적신 나뭇조각이나 향기 나는 벽돌을 주성분으로 한 향단지.
비스밀라 *bismillah* ㅣ '신의 이름으로' 라는 뜻으로, 무슬림은 모든 일을 수행하기 전에 이 문구를 암송하고 착수한다.
수프라 *sufrah* ㅣ 식사 전 바닥에 까는 천.
수흐르 *suhr* ㅣ 라마단 기간 새벽 동이 트기 전에 먹는 식사.
쉬샤 *shiyshah* ㅣ 아랍인이 즐겨 피우는 물담배.
아답 *adab* ㅣ 원래는 '문학' 이라는 의미지만 어근을 찾아보면 여기에는 '예의 바른', '교양 있는', 또는 '정제된 입맛' 그리고 '향연' 의 의미도 담겨 있다. 일반적으로 예의나 매너를 지칭한다.
아락 *'araq* ㅣ 대추야자에서 추출한 증류주. 몽골을 통해 한국으로 건너와 국민주인 소주가 탄생했다.
아르길라 *arghiylah* ㅣ 아랍식 물담배를 지칭한다.
아르바인 *arba'in* ㅣ 아랍어로 '40' 을 의미하며, 시아 무슬림이 기리는 성일이다.
아슈라 *ashurah* ㅣ 시아 무슬림 사이에서 이슬람력 정월 10일에 행해지는 행사로 이날 카르발라 전투에서 무참히 죽은 이맘 후세인을 기린다.
아이슈 *'aysh* ㅣ 아랍인의 전통빵.
알라후 알 아크바르 *allah al-akbar* ㅣ '신은 위대하다' 라는 뜻으로, 무슬림들이 이슬람식 도축의식을 행하기 전에 암송한다.
움마 *ummah* ㅣ 이슬람 공동체를 지칭한다.
이드-알-아드하 *'iyd al-adha* ㅣ 희생제. 이슬람력 12월인 순례의 달에 메카로의 순례를 마친 후 3일 동안 기념하는 날이다. 아랍세계에서는 큰 축제로 불린다.
이드 알-피뜨르 *'iyd al-fitr* ㅣ 단식종료제. 라마단 기간이 끝난 뒤에 3일 동안 기념한다. 아랍세계에서 이드 알-피프르는 작은 축제로 불린다.
이디야 *'iydiyah* ㅣ 무슬림 어린이들이 명절 때 어른들에게 받는 돈으로, 우리의 세뱃돈과 같은 기능을 한다.
이프따르 *ifiaar* ㅣ 라마단 기간에 무슬림이 먹는 식사로, 일몰 직후 먹는다.
자르 *zaar* ㅣ 귀신 들린 빙의현상을 지칭한다.
판누사 *fannusa* ㅣ 라마단 기간에 각 집에 달아놓는 등불.
하람 *haram* ㅣ 이슬람법에 따라 금지된 것.
할랄 *halal* ㅣ 이슬람법에 따라 허용된 것.

부록 II | 아랍음식에 사용하는 주요 향신료 |

로즈 워터 rose water | 장미 꽃잎을 끓여 그 수증기를 증류기에 담은 것. 오렌지 꽃물보다 향이 약하다.

매스틱 mastic | 관목 나무껍질에서 추출한 아로마 향의 송진.

사프란 saffron | 말린 크로커스 꽃(특히 가을에 피는 작은 튤립 같은 꽃이 피는 식물)의 암술머리. 달콤하면서도 씁쓸한 나무향이 난다. 향이 굉장히 강하기 때문에 주의해서 다루어야 하며 많이 섞으면 음식에 쓴맛이 날 수 있다. 음식이나 물에 섞으면 오렌지색으로 퍼지기 때문에 음식의 색깔을 내는 데 많이 사용한다. 약 10만 송이의 꽃에서 0.5kg만이 추출되기 때문에 값이 매우 비싸다.

수막 sumac | 옻나무의 일종으로 진한 와인색의 떫고 신맛을 내는 향신료. 종류가 다양한데 독성이 있는 것도 있으며 음식에 섞으면 보라색을 띤다. 신맛이 나기 때문에 아랍요리에서는 레몬이 없는 계절에 레몬 대용품으로 사용했다. 지금도 터키와 레바논에서는 생선요리에 레몬 대신 이용한다.

오렌지 꽃물 orange blossom water | 오렌지 꽃을 끓여 그 수증기를 증류기에 담은 물로, 시럽이나 패스트리 혹은 푸딩에 섞으면 그 향이 아주 좋다. 8세기 스페인 안달루스 지역 무슬림에 의해 스페인 요리에 소개되었다.

자타르 za'atar | 타임과의 한 종류. 야생에서 자란다. 시리아에서는 오레가노와 비슷한 박하과의 히솝풀을 말하기도 한다.

커민 cumin | 톡 쏘는 향이 오래 지속되는 향신료로 양고기나 쇠고기 요리에 많이 첨가한다.

코리앤더 coriander | 미나릿과의 식물로, 고수라고도 한다.

카르다몸 cardamom | 서남아시아산 생강과 식물 씨앗을 말린 향신료. 아라비아식 커피에 첨가된다.

타임 thyme | 정원의 나무와 벽돌 사이 등 야생에서 마구 자라는 식물로, 톡 쏘는 맛을 낸다. 모양은 가늘고 작은 원형이며, 음식에 섞였을 때 깊은 맛을 더해준다.

타히니 tahini | 참깨가루로 만든 페이스트. 레바논 요리에 주로 사용된다.

| 이 밖에도 시나몬 cinnamon, 올스파이스 allspice: 서인도제도산 나무 열매를 말린 향신료, 아니스 씨 anise seeds: 씨앗이 향미료로 쓰이는 미나릿과 식물. 차로도 마심, 정향 clove: 열대성 정향나무의 꽃을 말린 것. 향신료로 씀, 캐러웨이 caraway: 씨앗을 향신료로 쓰는 회향 식물, 강황 turmeric: 생강과의 여러해살이풀. 가루는 노란색이며 카레 요리 등에 씀 등이 아랍 요리에 많이 쓰이는 향신료이다. |

부록 III | 음식의 관점에서 본 중동 이슬람 지역 약사 略史 |

연도	시대	내용
570	이슬람교 도래 이전	메카에서 무함마드 탄생
622	이슬람 시대 개막	무함마드와 추종자들이 메카에서 메디나로 이주 이슬람 역사의 시작 이슬람 제국의 확장
632		무함마드 사망
632~732	우마이야 왕조	이슬람 제국의 팽창기: 중·근동, 북아프리카, 스페인 지역까지 확장
750~1258	압바스 왕조	이슬람 제국의 황금기 녹색혁명 타 아랍 지역, 이란, 터키, 지중해 음식의 유입 최초로 아랍음식 관련 서적 등장
1096~1291	이슬람 제국의 해체기	십자군 침입과 유럽 음식재료 유입
1281~1924	오스만 제국	발칸과 북아프리카 음식의 유입과 이슬람 궁중음식의 발전
1536		오스만 제국의 예멘 정복과 커피의 확산
1798	유럽의 침략기	나폴레옹의 이집트 침략 유럽 음식의 도입 토마토와 감자를 포함한 미국 작물 유입
1950	독립기	프랑스와 이탈리아의 음식문화 수입 농작물 유입 캔과 냉동음식 유입
1970년대	이슬람 부흥기	이란의 이슬람 혁명과 중동의 이슬람 강화 음식 민족주의 부활
1990년대	세계화	패스트푸드 유입
2000년대		아랍, 이란, 터키의 민족음식 부흥기

*자료: Heine(2004: xi~xii)

나오며

　　남편과 나에게는 아직 누구에게도 말을 꺼내본 적이 없는 꿈이 있다. 우리가 50대가 될 즈음에는 서울 시내 중심에 식당을 하나 여는 것이다. 식당의 이름은 '디와니야'. 디와니야를 우리말로 굳이 표현하자면 '사랑방'에 가깝다.

　　내가 꿈꾸는 디와니야는 총 4층으로 이루어져 있다. 1층은 카페, 2층은 식당, 3층은 도서관, 4층은 우리 부부의 서재가 될 것이다. 건물 내부는 모두 아랍의 전통적인 인테리어로 꾸민다. 1층 카페에는 테이블 대신 카펫이 깔린다. 사람들은 벽과 쿠션에 자기의 몸을 맡긴 채 편안하게 아랍의 전통 물담배인 쉬샤를 피우며 전통음료인 민트티와 터키 커피를 마신다. 2층 식당은 각종 아랍음식과 디저트를 맛보는 곳이다. 3층으로 올라가면 아랍·중동·이슬람 관련 도서가 가득 꽂혀 있는 도서관이 펼쳐진다. 이곳에서는 가끔 학회, 세미나, 공연이 열린다. 디와니야는 연구자, 학생, 중동 관련 비즈니스를 하는 사람, 이 지역에 흥미를 갖는 일반인, 그리고 아랍·중동·이슬람 지역의 각국 외교관을 포함해 연령, 직책, 국적에 상관없이 모든 사람들이 자유롭게 이용할 수 있도록 개방된 장소이다.

이 꿈을 꾸게 된 것은 겨우 몇 년 전이다. 전공이 같은 우리 부부는 수시로 한국 중동학의 현실에 대한 이야기를 나누곤 했다. 이야기를 하던 중 중동학을 전공하는 젊은 학자로 양 지역의 문화교류에 어떻게 보탬이 될까 생각해본 적이 있다. 우리가 원했던 것은 경직되지 않은 자유로운 분위기에서 사교, 비즈니스, 학문 등 다양한 활동을 할 수 있는 공간을 마련하는 것이었다. 냄새와 맛, 음악, 그리고 무슬림들과의 접촉……. 사람들은 디와니야에서 오감으로 아랍세계와 이슬람문화를 접할 수 있다.

이 책은 디와니야의 시발점이다. 디와니야에 대한 아이디어를 구상하던 몇 년 전 한국연구재단(구한국학술진흥재단)에 중동 지역의 음식문화를 탐구하는 연구주제를 신청했다. 당시 행했던 연구주제가 이 책의 일부를 구성하고 있다. 연구기간이 1년으로 제한되어서 한 지역의 음식문화를 전적으로 탐구하기에는 시간적·재정적으로 많이 부족했다. 그러나 이 책에서 다룬 내용이 우리에게 낯선 아랍인들과 그들 문화를 일면이라도 소개한다는 점에서 의미를 찾을 만하다.

앞으로 10년 남짓 남았다. 디와니야가 허황된 꿈으로 끝나지 않기를 간절히 희망하면서 오늘도 노력한다.

이 책이 출판되기까지 많은 분들에게 빚졌다. 우선 홀대받아왔던 중동의 음식문화에 대한 연구가 가능하도록 재정적으로 후원해준 한국연구재단(구한국학술진흥재단)에 감사를 표하며, 또한 어려운 상황에서도 중동과 이슬람 지역에 남다른 관심을 표명하면서 서슴없이 출판지원을 해주신 도서출판 한울 김종수 사장님과, 서툰 글을 전문가의 수준으로 끌어 올려 준 김경아 편집자님께 감사드린다.

　아랍세계에서는 우상 숭배라는 종교적 이유로 예전부터 사진 찍는 것을 터부시해왔다. 그래서 회화나 초상화가 발달할 수 없었고 대신 아랍어 서체나 이슬람 문양을 통한 예술이 발달했다. 이러한 종교적·문화적 이유 때문에 쇼핑몰이나 길거리에서 사진을 찍기 위해 카메라 셔터를 눌러대면 경찰이 다가와 저지한다. 아무 곳에서나 카메라를 들이대는 외국인을 경고하는 현지 아랍인과 말싸움이나 몸싸움이 생길 때도 있다. 그래서 아랍세계에서 사진을 촬영하려면 촬영 대상이 물건이건 인물이건 간에 항상 동의를 먼저 구해야 한다. 이러한 어려움을 감수하면서 현장에서 다양하고 유용한 사진을 제공해준 정준호와 김은비 후배에게 감사를 표한다. 그리고 중동으로 현지조사를 떠날 때마다 카메라를 들고 다니며 사진촬영을 도맡아준 남편의 도움 역시 컸음은 말할 것도 없다.

　끝으로 이 책이 출판되기까지 한결같이 곁에서 응원을 아끼지 않은 갈현동 부모님께 진심으로 감사의 마음을 전하며 이 책을 두 분께 바친다.

2011년 2월
남가좌동 연구실에서

지은이

● 엄익란

1997년 명지대학교 아랍어과를 졸업하고 2000년 한국외국어대학교 국제지역 대학원에서 중동·아프리카 지역학 사회·문화을 전공한 뒤 2004년 영국 엑세터 대학 University of Exeter에서 중동학 박사학위를 받았다. 현재는 명지대학교 인문과학연구소 소속 연구교수로 재직하면서 중동 이슬람 문화권의 소비문화와 관련된 연구를 수행하고 있다.

대표 저서로는 『이슬람의 결혼문화와 젠더』(2007, 한울)와 『무슬림 마음속에는 무엇이 있을까?: 일상생활 속에 숨겨진 아랍·무슬림 문화코드 읽기』(2009, 한울)가 있다.

할랄, 신이 허락한 음식만 먹는다
아랍음식과 문화코드 탐험
엄익란 ⓒ 2011

지은이 | 엄익란
펴낸이 | 김종수
펴낸곳 | 도서출판 한울
편집책임 | 이교혜
편집 | 김경아
표지·본문디자인 | 정명진

초판 1쇄 인쇄 | 2011년 3월 15일
초판 1쇄 발행 | 2011년 3월 30일

주소 | 413-832 파주시 교하읍 문발리 535-7 302 (본사)
주소 | 121-801 서울시 마포구 공덕동 105-90 서울빌딩 1층 (서울 사무소)
전화 | 영업 02-326-0095, 편집 031-955-0606, 02-336-6183
팩스 | 02-333-7543
홈페이지 | www.hanulbooks.co.kr
등록 | 1980년 3월 13일, 제406-2003-051호

Printed in Korea.
ISBN 978-89-460-4420-3 03910
ISBN 978-89-460-4421-0 03910

*가격은 겉표지에 있습니다.
*이 책은 강의를 위한 학생판 교재를 따로 준비했습니다.
 강의 교재로 사용하실 때에는 본사로 연락해주십시오.